广东省高速公路工程施工安全标准化指南系列

Guangdong Sheng Gaosu Gonglu Gongcheng Shigong Anquan Biaozhunhua Zhinan
广东省高速公路工程施工安全标准化指南

Dierce　Anquan Jishu
第二册　安全技术

广东省交通运输厅　组织编写

人民交通出版社股份有限公司
China Communications Press Co.,Ltd.

内容提要

本书共分通用篇和专业篇两篇，内容包括驻地建设及临建设施、临时用电、消防安全、特种设备、一般设备及机具、专用设备、设施、爆破施工、恶劣环境施工、跨路、跨线施工、取弃土(渣)场、标志标牌、个人防护与职业健康、路基工程、桥涵工程、隧道工程、路面工程、交通安全设施、机电工程、房建工程。

本书可供高速公路安全生产管理及技术人员、公路建设相关企业管理及技术人员在工作中参考。

图书在版编目(CIP)数据

广东省高速公路工程施工安全标准化指南. 第二册，安全技术 / 广东省交通运输厅组织编写. — 北京：人民交通出版社股份有限公司，2017.3
 ISBN 978-7-114-13720-4

Ⅰ.①广… Ⅱ.①广… Ⅲ.①高速公路—道路施工—安全技术—广东—指南 Ⅳ.①U412.36-62 ②U415.12-62

中国版本图书馆 CIP 数据核字(2017)第 059250 号

广东省高速公路工程施工安全标准化指南系列

书　　名：	广东省高速公路工程施工安全标准化指南　第二册　安全技术
著 作 者：	广东省交通运输厅
责任编辑：	刘永超
出版发行：	人民交通出版社股份有限公司
地　　址：	(100011)北京市朝阳区安定门外外馆斜街 3 号
网　　址：	http://www.ccpress.com.cn
销售电话：	(010)85285857
总 经 销：	人民交通出版社股份有限公司发行部
经　　销：	各地新华书店
印　　刷：	北京市密东印刷有限公司
开　　本：	880×1230　1/16
印　　张：	12.5
字　　数：	278 千
版　　次：	2017 年 3 月　第 1 版
印　　次：	2024 年 10 月　第 8 次印刷
书　　号：	ISBN 978-7-114-13720-4
定　　价：	75.00 元

(有印刷、装订质量问题的图书由本公司负责调换)

《广东省高速公路工程施工安全标准化指南 第二册 安全技术》

编审委员会

主 任 委 员：李　静

副主任委员：黄成造　曹晓峰

委　　　员：陈明星　付伦香　刘永忠　张家慧　王成皿　卢正宇

　　　　　　钟　华　陈振玉　张其浪　陈子健　杨红军　司永明

编写人员

主　　　编：张家慧　李明国

编　　　写：胡圣江　黄乔森　祁　凯　付　浩　杨红军　刘　琦

　　　　　　符　兵　梁雪森　陈思文　李　波　钟子锦　王玉文

　　　　　　王　超　刘亚峰　张文忠　钟伟坚　吴万都　刘韶新

校　　　对：高艳霞　冯　旭

序

安全生产事关人民生命财产安全，事关改革发展稳定大局，事关党和政府的形象与声誉。党的十八大以来，习近平总书记针对安全生产问题作了一系列重要论述，我们要认真学习、深刻领会，自觉运用这些重要论述指导安全生产工作，有效防范、坚决遏制重特大事故，促进我省交通运输行业安全生产形势根本好转。

为深入贯彻落实党中央、国务院《关于推进安全生产领域改革发展的意见》，进一步规范和加强我省高速公路安全生产工作，结合行业实际，我厅组织编写出版了《广东省高速公路工程施工安全标准化指南》（以下简称《指南》）。《指南》由管理行为、安全技术、班组建设三册组成，内容涵盖了高速公路施工安全的主要要素，由横向到纵向，由"中枢"至"末梢"，系统地提出了适合我省高速公路工程建设管理实际特点的安全行为标准、安全技术标准、班组建设和班组施工作业标准以及其他新要求。

《指南》是对我省高速公路建设安全管理实践经验的总结与提升，是继我省推行交通建设工程施工标准化、造价标准化、设计标准化管理之后，又一新的标准化成果。《指南》的出版顺应了我省基础设施建设快速发展的需要，是贯彻落实党中央、国务院及省委、省政府关于安全生产一系列重要部署的具体行动，是我省响应和贯彻交通运输部要求，打造"品质工程"，深化"平安交通"建设的重要举措。

"十三五"时期是交通运输基础设施发展、服务水平提高和转型发展的黄金时期。当前，我省正深入开展高速公路建设大会战，力争到2020年全省高速公路通车总里程达到11000公里，基本建成安全、便捷、高效、绿色的现代化综合交通运输体系。发展决不能以牺牲安全为代价，这是一条不可逾越的红线，我们要宣贯好《指南》，落实好《指南》，进一步建立健全安全生产责任体系，强化企业主体责任落实，创新安全监管手段，构建长效机制，全面提升我省交通运输行业安全生产管理水平，为交通运输事业科学发展、安全发展提供有力支撑！

广东省交通运输厅党组书记、厅长

2017年3月

前　　言

安全生产是关系人民群众生命财产安全的大事,是经济社会协调健康发展的标志,是坚持"以人为本"安全理念的必然要求,是全面建设小康社会宏伟目标的重要内容。

近年来,广东省通过全面推行标准化管理,高速公路"平安工地"及安全生产标准化建设取得了较好成效,为"十二五"高速公路建设目标的顺利实现提供了坚实保障,但仍存在一些单位和人员对于安全生产的认识不到位、重视不够、落实不力以及安全教育培训流于形式、安全标准化水平不高等问题。

当前,广东省正在深入推进交通基础设施建设大会战,交通建设规模总量大,点多面广,安全生产面临巨大挑战。为认真贯彻落实"安全第一、预防为主、综合治理"的方针,采取有力措施加强安全生产管理,切实提高高速公路建设工程安全生产管理水平和实效,结合现代安全管理的新思路、新理念,广东省交通运输厅组织广东省交通集团有限公司等单位编写了《广东省高速公路工程施工安全标准化指南》(以下简称《指南》)。

《指南》以推行规范化管理、标准化施工为抓手,定位于规范参建各方安全管理行为,完善工程项目安全生产管理体系,在领域内首次提出了工程项目系统化安全管理策划、招标阶段安全风险预控、专控工序质量安全同步验收、班组规范化管理、班前危险预知等新要求,积极推广劳务用工实名制和一线工人职业化培训新方法,推行安全防护设计标准化和施工机械信息化管理,体现了广东省交通建设工程安全管理的新理念、新标准、新做法。

《指南》由管理行为、安全技术和班组建设等三册组成,内容涵盖了高速公路施工安全的主要要素,三册书由横向至纵向,由"中枢"至"末梢",纵向到底,横向到边,分别以参建各方管理人员、技术人员、班组和一线工人为重点对象,系统地提出了施工安全管理行为标准、安全技术标准、班组建设和施工作业安全标准,力求通过健全完善的安全生产管理制度,明晰和压实安全生产责任,细化作业标准,夯实基础,强化基层,促进参建各方真正把安全生产放在首要位置,全面落实"一岗双责",做到关口前移、超前预控、有效防范,持续改进、构建长效机制。本册为第二册:安全技术(以下简称《安全技术指南》)。

《安全技术指南》按照"以人为本、预防为主、强化措施、三防并举"的原则,在现行高速公路施工安全技术标准规范基础上,结合广东施工环境特点,以图文并茂的方式,从一般规定、安全要点、安全设施等三个方面,按照工序流程编写条文,体现安全防护标准化、施工安全技术标准化的具体内容,通过对现场安全主要要素的管控,以期提升广东省高速公路施工

"本质安全"能力,为实现"平安交通"奠定坚实基础。

《安全技术指南》分通用篇和专业篇,共十九章,由张家慧、刘琦、李明国拟定编写大纲,具体编写人员如下:驻地建设及临建设施由王超、王玉文编写;临时用电由李明国编写;消防安全由祁凯编写;特种设备和一般设备及机具由付浩编写;专用设备、设施由李明国、黄乔森、刘亚峰编写;爆破施工由胡圣江编写;恶劣环境施工由祁凯编写;跨路、跨线施工由刘亚峰编写;取弃土(渣)场、个人防护与职业健康由祁凯编写;标志标牌由胡圣江、祁凯编写;路基施工和桥涵施工由胡圣江编写;隧道施工由李波编写;路面施工由李明国、李波编写;交通安全设施施工和机电工程施工由钟子锦编写,房建工程由祁凯编写。全文由张家慧、李明国统稿。

《安全技术指南》适用于广东省新建、改扩建高速公路施工安全管理,大修和其他工程可参照执行。对于本指南中未涵盖的内容,应依据有关法律、法规和行业标准执行。

由于编写时间仓促,难免存在不足之处,请各单位在执行过程中,将发现的问题和意见函告广东省交通运输厅基建管理处或省交通集团安监部。省交通运输厅地址:广州市白云路27号,邮政编码:510101;省交通集团地址:广州市天河区珠江新城珠江东路32号利通广场59楼,邮政编码:510623。

编 者

2017 年 3 月

目 录

通 用 篇

1 驻地建设及临建设施 ·· 3
   1.1 项目驻地 ··· 3
   1.2 预制场 ··· 5
   1.3 拌和站 ··· 9
   1.4 钢筋加工场 ··· 11
   1.5 库房 ·· 13
   1.6 临时施工设施 ··· 18
2 临时用电 ·· 23
   2.1 一般规定 ·· 23
   2.2 外电线路 ·· 25
   2.3 供配电设施 ··· 26
   2.4 配电箱及开关箱 ··· 27
   2.5 低压配电线路 ··· 30
   2.6 接地与防雷 ··· 32
   2.7 电动机械及手持电动工具 ··· 33
   2.8 照明 ·· 34
3 消防安全 ·· 35
   3.1 一般规定 ·· 35
   3.2 安全要点 ·· 35
   3.3 安全设施 ·· 37
4 特种设备 ·· 40
   4.1 一般规定 ·· 40
   4.2 龙门吊 ·· 42
   4.3 塔吊 ·· 44
   4.4 架桥机 ·· 46
   4.5 浮吊 ·· 47

4.6	空压机	48
4.7	施工电梯	48

5 一般设备及机具 … 50

5.1	一般规定	50
5.2	电焊机	50
5.3	氧气瓶、乙炔瓶	51
5.4	汽车吊	52
5.5	钢筋切断机	54
5.6	钢筋调直机	54
5.7	钢筋弯曲机	55
5.8	预应力张拉设备	56
5.9	小型拌和设备	57
5.10	混凝土输送泵	58
5.11	混凝土振捣器	59
5.12	切缝机	60
5.13	潜孔钻	60
5.14	卷扬机	61

6 专用设备、设施 … 63

6.1	一般规定	63
6.2	爬模	64
6.3	翻模	67
6.4	移动模架	69
6.5	挂篮	72
6.6	满堂支架	74
6.7	钢管柱及贝雷架支架	77
6.8	脚手架	79
6.9	爬梯	80

7 爆破施工 … 82

7.1	一般规定	82
7.2	爆破器材申领、储存、收发、运输与装卸	83
7.3	路基土石方爆破施工	84
7.4	桥梁爆破施工	85
7.5	隧道爆破施工	86

8 恶劣环境施工 ………………………………………………………… 88
8.1 一般规定 …………………………………………………………… 88
8.2 雨季施工 …………………………………………………………… 88
8.3 台风季节施工 ……………………………………………………… 89
8.4 高温季节施工 ……………………………………………………… 90
8.5 冬季施工 …………………………………………………………… 91
8.6 夜间施工 …………………………………………………………… 92

9 跨路、跨线施工 ……………………………………………………… 94
9.1 一般规定 …………………………………………………………… 94
9.2 桁架式安全防护棚 ………………………………………………… 96
9.3 钢管脚手架式安全防护棚 ………………………………………… 97

10 取弃土(渣)场 ……………………………………………………… 98
10.1 一般规定 ………………………………………………………… 98
10.2 弃土(渣)场 ……………………………………………………… 98
10.3 取土场 …………………………………………………………… 99

11 标志标牌 …………………………………………………………… 101
11.1 一般规定 ………………………………………………………… 101
11.2 制作材料 ………………………………………………………… 101
11.3 基本形式、参数及尺寸 ………………………………………… 101
11.4 颜色与字体 ……………………………………………………… 103
11.5 布设要求 ………………………………………………………… 103

12 个人防护与职业健康 ……………………………………………… 106
12.1 一般规定 ………………………………………………………… 106
12.2 个人防护 ………………………………………………………… 108
12.3 职业健康 ………………………………………………………… 111

专 业 篇

13 路基工程 …………………………………………………………… 119
13.1 一般规定 ………………………………………………………… 119
13.2 安全要点 ………………………………………………………… 119
13.3 安全设施 ………………………………………………………… 123

14 桥涵工程 ··· 124
14.1 一般规定 ·· 124
14.2 明挖基础 ·· 125
14.3 钻孔桩 ·· 126
14.4 挖孔桩 ·· 127
14.5 围堰 ··· 129
14.6 墩柱(台)、塔柱 ·· 130
14.7 水上作业 ·· 132
14.8 预制梁安装 ·· 132
14.9 现浇梁板 ·· 136
14.10 悬臂施工 ··· 137
14.11 桥面系 ·· 138
14.12 涵洞与通道 ··· 139

15 隧道工程 ··· 140
15.1 一般规定 ·· 140
15.2 洞口工程 ·· 141
15.3 洞身开挖 ·· 142
15.4 支护、衬砌 ·· 143
15.5 竖井、斜井 ·· 145
15.6 交通安全 ·· 146
15.7 通风设施 ·· 148
15.8 照明设施 ·· 149
15.9 消防设施 ·· 151
15.10 排水设施 ··· 152
15.11 隧道应急设施 ·· 152
15.12 岩溶隧道 ··· 153
15.13 富水区隧道 ··· 153
15.14 瓦斯隧道 ··· 154
15.15 岩爆隧道 ··· 155
15.16 放射性花岗岩地段施工 ··· 156

16 路面工程 ··· 157
16.1 一般规定 ·· 157
16.2 垫层、底基层、基层 ··· 158

16.3	沥青混凝土路面	159
16.4	水泥混凝土路面	160

17 交通安全设施 ……………………………………………………………………… 162
   17.1 一般规定 ……………………………………………………………………… 162
   17.2 安全要点 ……………………………………………………………………… 163
   17.3 安全设施 ……………………………………………………………………… 163

18 机电工程 ……………………………………………………………………………… 166
   18.1 一般规定 ……………………………………………………………………… 166
   18.2 安全要点 ……………………………………………………………………… 166
   18.3 安全设施 ……………………………………………………………………… 167

19 房建工程 ……………………………………………………………………………… 168
   19.1 一般规定 ……………………………………………………………………… 168
   19.2 钢筋工程 ……………………………………………………………………… 168
   19.3 模板工程 ……………………………………………………………………… 169
   19.4 混凝土工程 …………………………………………………………………… 170
   19.5 砌筑工程 ……………………………………………………………………… 170
   19.6 装修工程 ……………………………………………………………………… 171
   19.7 其他 …………………………………………………………………………… 172

附录 A 安全标志标牌设置要求 ………………………………………………………… 175

通 用 篇

1 驻地建设及临建设施

1.1 项目驻地

1.1.1 一般规定

(1)驻地建设一般包括建设、监理、第三方检测单位、施工单位驻地以及工地试验室的建设。驻地建设应体现以人为本的理念,充分保障员工的身体健康和生命安全,改善工程建设各方的生产、生活环境。

(2)驻地建设须先进行选址、规划,并编制临建施工方案(明确给排水设计及用电方案);消防、环(水)保、卫生、临时用电等应满足相关规定及标准要求。

(3)驻地建设应因地制宜,满足安全、实用及环保的要求,以工作方便为原则,具备便利的交通条件和通电、通水、通信条件。施工现场驻地应选在地质良好的地段,避免设在可能发生塌方、泥石流、水淹等地质灾害区域及高压线下(与高压线水平距离不小于8.5m),避开取弃土场,离集中爆破区500m以外。

(4)驻地应采用封闭式管理,办公区、生活区及车辆、机具停放区等应科学合理分开布局(图1-1),场地及主要道路应用混凝土硬化处理,排水系统完善,庭院适当绿化,环境优美整洁,并设置功能分区平面示意图及指路导向牌。

图1-1 项目自建驻地效果图

(5)建设单位宜尽早规划、建设后期运营管理中心,条件许可时应利用运营管理中心作为项目建设的驻地。

1.1.2 安全要点

(1)驻地建设可自建或租用沿线合适的单位或民用房屋,但应坚固、安全。自建房屋最低标准为活动板房,应选用阻燃、防水材料;活动板房搭建不应超过两层,每组最多不超过12栋,组与组之间的距离应不小于8m,栋与栋之间的距离应满足城市不小于5.0m、农村不小于7.0m的要求;每栋用房其长度以36m、层高以2.5m左右为宜。

(2)办公、生活用房建筑面积和场地面积应满足办公和生活需要;通风、照明良好,并设有防暑、降温等设备(图1-2~图1-5)。

图1-2 办公室

图1-3 会议室

图1-4 档案室

图1-5 宿舍

(3)食堂应符合《中华人民共和国食品卫生法》的要求,宜设置在离厕所、垃圾站、有害场所等污染源不小于20m的位置,与办公、生活用房距离不小于10m;食堂应设置独立的制作间、储藏间;门扇下方应设防鼠挡板,地面应做硬化和防滑处理;食堂必须有卫生许可证,厨房工作人员必须持健康证上岗。

(4)如条件允许,生活饮用水尽可能使用自来水;如自找饮水源,应对水源进行专门的化验鉴定,符合饮用水标准后方能使用。

1.1.3 安全设施

（1）驻地应相对独立完整，四周设有围墙，有固定出入口，出入口配备保卫人员。门柱部位应悬挂本单位的铭牌，各部门应设名称牌，室内悬挂岗位职责、有关制度图表等。

（2）驻地内消防设施应满足《建设工程施工现场消防安全技术规程》（GB 50720）的有关规定，办公区和生活区应配备一定数量的干粉灭火器，室外集中设置消防水池和消防砂池，配置相应的消防器材和消防安全标识（图1-6），并经常检查、维护和保养。

（3）驻地内应设置消防通道，并设置消防应急指示标志，禁止在消防通道上堆物、堆料或挤占消防通道。

（4）驻地内使用的电气设备和临时用电应符合《施工现场临时用电安全技术规范》（JGJ 46）的规定，驻地内应设有必要的防雷设施。

（5）驻地应设置报警装置和监控设施。

图1-6　消防设施

1.2　预制场

1.2.1　一般规定

（1）预制场应选在水文地质状况良好的地段，避开塌方、泥石流、滑坡、落石、洪水位下等危险区域以及取弃土场、高压线路，并与当地民居区保持一定安全距离。完成选址、规划后应编制临建施工方案（明确给排水设计及用电方案）。

（2）预制场应采用封闭式管理，场地须进行硬化；钢筋绑扎区、制梁区、存梁区等功能区域应科学合理设置，生产区与生活区应分离，并保持一定的安全距离（防火距离和倾覆距离）（图1-7、图1-8）；生产过程中宜推行"定置"管理；制梁台座处应合理布设养生管线、用电管线（图1-9）；重点部位宜设置视频监控系统，并确保通信联络畅通。

（3）在条件严重受限时，可考虑将预制梁场设立在服务区、停车区或主线路基上。当预制梁场设立在主线路基上时，应当注意以下几点：

图 1-7　预制梁场效果图

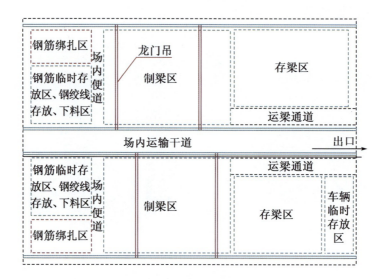

图 1-8　预制梁场平面布置图

图 1-9　养生管线布置图

①为充分利用场地并保证运输方便，预制梁场宜选在梁板运输便利、桥梁相对集中的位置。

②为防止场地不均匀沉降,梁场应尽量设在路基挖方段,并提前做好边坡防护及排水设施(包括养生用水、三级沉淀池),避免水土流失影响附近农田灌溉。

③预制梁场建设应与工程进度和后期路面施工统筹考虑,尽可能减少对工程进度和后期路面施工的影响,并尽可能地使梁场基础等能够得到后期路面的利用。

1.2.2 安全要点

(1)张拉作业时,千斤顶顶力作用线方向不得站人,以防预应力断筋或锚具、楔块弹出伤人;量伸长值或挤压夹片时,人员应站在千斤顶侧面。

(2)压浆前,应检查压浆机压力表是否合格、安全装置是否完好、压浆管接头是否牢固;压浆时,操作人员应站在压浆管侧面;压浆结束后,应确保管内无压力后再卸管。

(3)存梁区应平整无积水,梁板存放应符合设计要求,设计文件没有规定时,空心梁板叠放层数不得超过3层,小箱梁叠放层数不得超过2层,T梁不得叠放;存梁台座顶面离地面高度应不小于30cm。叠放存梁时,一般应采用枕木支垫,上下支垫点应当在同一条垂直线上,并尽可能地在梁板支点上。

(4)模板堆放时一般以尽可能避免模板变形为原则,堆放高度不宜大于2m,底部应垫高10cm,并采取防倾覆措施;露天堆放时应加遮盖。

(5)预制场临时用电应满足规范要求,原则上纵向线路架空设置、横向线路设电缆槽,龙门吊用电线路设置滑线槽。

1.2.3 安全设施

(1)混凝土浇筑宜推广采用移动式混凝土浇筑工作平台(图1-10),现场作业区应配置人员上下爬梯。

图1-10 混凝土浇筑工作平台

(2)推广采用智能张拉及压浆技术;张拉及压浆作业人员应佩戴护目镜,张拉作业两端须设置可移动式防护挡板(具体要求见本指南5.8)(图1-11),压浆机须装设防护罩。

(3)梁板存放时,应在梁板端头两侧设置支撑设施,确保存放稳定不倾覆;支撑设施宜使用枕木、钢管或刚性支撑架(图1-12)。

(4)梁板吊装时,吊具的钢丝绳与梁板接触部位应设置卡槽或衬垫,防止梁板磨损、崩角及钢丝绳磨损(图1-13)。

(5)梁场出入口宜设置洗车池(台)(图1-14),场地四周应设置截面尺寸不小于20cm×20cm的排水沟(图1-15)。

图1-11 预应力张拉挡板

图1-12 梁板支撑措施

图1-13 梁板吊装用的衬垫　　　　　　　图1-14 洗车台

(6)预制场入口处醒目位置应设指路标牌,各功能区域设置提示标牌、危险源告知牌,制梁区、存梁区设置安全警示牌等;在机械设备的醒目位置应悬挂安全操作规程牌,吊装作业区、安全通道应设置警示标志。

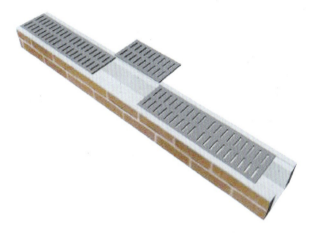

图 1-15 排水沟

1.3 拌和站

1.3.1 一般规定

(1)拌和站建设须先进行选址、规划,严禁设置在泥石流区、滑坡区、洪水位下等危险区域,尽量避开取弃土场,远离居民区,并制订临建施工方案(明确排水设计、用电方案、场内车辆交通组织方案、储料罐及拌和楼基础承载力与抗倾覆检算)。

(2)拌和站应采用封闭式管理,合理划分拌和作业区、材料堆放区、运输车辆停放区、试验区等,拌和楼与办公区、生活区或周围其他建筑物的距离不得小于单个储料罐的高度且不小于20m;拌和站场地须硬化,沉淀池宜设在洗车池与排水系统的对接位置;重点部位(如拌和区)应设置视频监控系统,并确保通信联络畅通。

(3)储料仓应由具备专业资质的设计单位进行设计,并按各地厂房抗风设计标准进行分级验算;储料仓和储料罐在广东内陆地区应抗8级风力,在沿海地区应抗12级风力;若需降低抗风等级,施工单位须进行论证。

1.3.2 安全要点

(1)拌和楼出料口离地高度及其下方立柱间距应满足安全距离要求,保证混凝土运输车辆运料时,车辆两侧的预留净宽不小于0.5m,上方的预留净高不小于1m(图1-16)。

(2)混凝土拌和时,严禁人员进入拌和楼围闭区;当提升斗被障碍物卡死时,不得强行起拉;当发生意外情况时,应立即切断总电源开关,清除搅拌桶内拌和物,避免混凝土在搅拌桶内凝结。

(3)维护、修理搅拌机顶层转料桶或清理搅拌机内衬及铰刀时,应先切断电源,锁好开关箱,悬挂"禁止合闸"标志,并设专人监护(图1-17);清理上料坑时,须将料斗固定,防止料斗下滑。

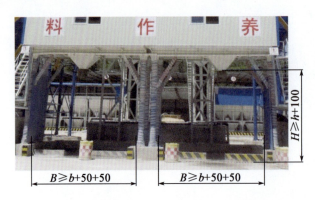

图1-16 拌和楼操作间安全距离(尺寸单位:cm)

H-出料口距地面的高度;B-操作室下方立柱间距;h-混凝土运输车高度;b-混凝土运输车宽度

图1-17 "禁止合闸"标志

(4)沥青拌和楼搅拌作业时,若自动点火设备连续两次点火不成功,严禁继续点火,应立即停机并派专人检查,以防爆炸。作业人员在设备周边操作、检查时,应注意避让高温管道、炉罐,防止灼烫。

(5)沥青拌和站油料与燃料存放应满足安全防火要求;及时清理场内的废弃沥青、油污和废料,防止发生火灾;以天然气作为燃料时,要单独制定安全操作规程。

1.3.3 安全设施

(1)拌和楼各罐体应采用连接件连接;拌和楼及储料罐基座处应设置防撞墩,防撞墩宜设置成矩形,高度不小于60cm;储料罐上应装设缆风绳及经检测检验合格的避雷装置,缆风绳上宜缠绕反光带;拌和楼水平投影面内应采取隔离设施封闭,并设置明显的安全警示标牌,隔离设施宜采用高度不小于1.2m的隔离栅(图1-18)。

(2)拌和机传动系统裸露部位应设置防护装置及安全检修保护装置(图1-19)。

(3)料仓墙体的强度和稳定性应满足要求,外围应设置警戒区,警戒区宽度不宜小于墙高的2倍。料仓棚应设置缆风绳加固,地锚应提前预埋;料仓前应设置排水沟(图1-20)。

图 1-18 拌和楼

图 1-19 传动系统防护装置　　　　　　　图 1-20 拌和站储料仓

（4）拌和站场内电缆线宜埋管设置或采用线槽敷设；配电房、拌和作业区等危险部位应设置警示标牌，场内设备应设置安全操作规程牌。

（5）以天然气作为燃料的沥青拌和站，应配备必要的消防设施，具体要求见本指南3.3。

（6）拌和站宜进行危险等级分区，运输车辆停放区、试验区为危险等级Ⅰ级（低度风险、蓝色区域），材料堆放区、沉淀池为危险等级Ⅱ级（中度风险、黄色区域），拌和作业区危险等级Ⅲ级（高度风险、橙色区域），各区域应按危险等级设置相应的提示标牌及安全警示牌；拌和站入口处醒目位置应设指路标牌。

（7）储料罐、拌和楼、储料仓等地应设置物料名称、进场情况、检验状态、配合比等情况的标牌。

1.4 钢筋加工场

1.4.1 一般规定

（1）钢筋加工场建设须进行选址、规划，避开泥石流、滑坡、洪水位下等危险区域；建设前应编制临建施工方案(明确用电方案)。

(2)钢筋加工场应采用封闭式管理,合理划分材料堆放区、钢筋下料区、加工制作区、半成品区、成品区、运输及安全通道等功能区,并在生产过程中推行"定置"管理;场地须进行硬化处理(图1-21)。

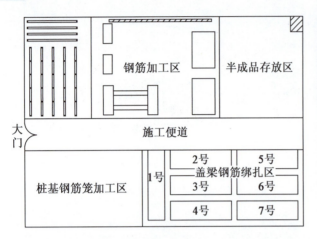 

图1-21 钢筋加工场平面布置图

(3)钢筋加工场应由具备专业资质的设计单位进行设计,并按各地厂房抗风设计标准进行分级验算,在广东内陆地区应抗8级风力,在沿海地区应抗12级风力;若需降低抗风等级,施工单位须进行论证。

1.4.2 安全要点

(1)钢筋原材料及半成品应分类垫高堆放,垫高台座宜用混凝土基座、型钢等能承重的材料制作,台座高度应不小于30cm;钢筋堆放高度应不大于2m,对于捆绑的圆形钢筋,其叠放高度应不大于2层(图1-22、图1-23)。

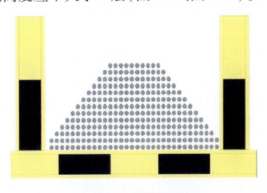 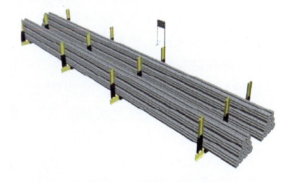

图1-22 钢筋堆放示意图　　　　　　图1-23 钢筋堆放效果图

(2)操作钢筋骨架滚焊机时,在变换规格调节滑块位置前,应确认螺栓是否紧固,避免焊接过程中滑块飞出伤人;在维修或调整设备(包括调节行程开关及接近开关位置)时,应将设备的电源全部切断(图1-24)。

(3)钢筋加工场内宜采用桥式龙门吊;若采用门式龙门吊,电缆宜用滑线槽,严禁电缆拖地运行;龙门吊两侧与侧墙、立柱之间的净距应不小于50cm,其他安全措施见本指南4.1

和4.2。

（4）钢筋加工场内不得储存氧气瓶、乙炔瓶。

图1-24　钢筋笼滚焊机

1.4.3　安全设施

（1）钢筋加工场应按设计要求设置缆风绳，地锚应提前预埋。

（2）钢筋加工场内电缆线宜埋管设置或采用线槽敷设，场内机械设备均须设置保护接地装置，传动部位应设置防护罩；钢筋冷拉作业区的两端应设置防护挡板及安全警示标牌。

（3）钢筋加工场各功能区应设置分区标示牌，出入口、焊接作业区、配电设施等场所应设置安全警示标牌，机械设备应悬挂安全操作规程牌及设备标识牌（图1-25）。

（4）钢筋加工场侧墙彩钢板应设置接地保护装置。

图1-25　钢筋加工场安全标牌

1.5　库房

1.5.1　一般规定

（1）火工品库应设在不受洪水、滑坡、泥石流威胁的地段，须分别由具备专业资质的单位进行设计和预评估，其设计图纸、预评估报告应由当地公安部门审核，同意后方可建设；

建成后还须经另一家具备专业资质的单位进行评估,并出具评估报告;由当地公安部门验收合格后,方可投入使用。若当地公安爆破管理主管部门有具体要求,应执行当地主管部门的相关规定。

(2)火工品库、易燃易爆品仓库、油库应远离明火作业区、人员密集区和建筑物相对集中区,与高压线保持安全距离,并应设在在建工程或上述区域的下风侧,同时根据库房规模配备消防设施。

(3)库区内严禁吸烟、电炉取暖、做饭等动用明火行为,严禁无关人员进入库房,并设置防盗、防火、防毒措施及视频监控系统,以确保库房安全。

(4)用彩钢板建设的库房须设置接地保护装置,且接地电阻不得大于4Ω。

(5)易燃易爆品仓库、油库应通风良好,并满足防晒、防雨、防雷要求。

1.5.2 火工品库

(1)安全要点

①火工品库应完善"人防、物防、技防、犬防"四防一体的安全防范体系。

②每个库区应至少配置2名保管员与1名保卫人员,严格落实库区来人登记制度、交接班制度及"双人双锁"制度。

③库存量不得超过公安机关批准的容量,炸药与雷管不得混放,单库单一品种最大允许储存量如表1-1所示;库区内各库房之间的距离应不小于12m,库区值班室距各库房的最小允许距离如表1-2所示。

小型民用爆炸物品储存库单库单一品种最大允许储存量　　　　表1-1

序 号	产 品 类 别	最大允许储存量
1	工业炸药及制品	5000kg
2	工业导爆索	50000m(计算药量600kg)
3	塑料导爆管	100000m

注:1.工业炸药及制品包括铵梯类炸药、铵油类炸药、硝化甘油炸药、乳化炸药、水胶炸药、射孔弹、起爆药柱、震源药柱等。
2.工业雷管包括电雷管、导爆管雷管以及继爆管等。
3.工业导爆索包括导爆索和爆裂管等。
4.其他民用爆炸物品按与本表中产品相近特性归类确定储存量;普通型导爆索药量为12g/m,常规雷管药量为1g/发,特殊规格产品的计算药量按照产品说明书给出的数值计算。

值班室与库房的最小允许距离(单位:m)　　　　表1-2

序号	值班室设置防护屏障情况	单库计算药量(kg)	
		3000<药量≤5000	药量≤3000
1	有防护屏障	65	30
2	无防护屏障	90	60

④保管员应及时清理库区及围墙外15m范围内的枯草等易燃物;进库人员严禁携带手机、打火机等易燃易爆物品,在进入库房前应手摸防静电设施,消除静电后方可进入。

⑤火工品的运输车辆应按照公安部门批准的线路行驶。

⑥火工品入场管理、领用、发放、退库应按照本指南7.2的要求实施,确保领用、发放、使用、退库信息的实时传递。

⑦施工单位应定期(每月至少一次)对库区的消防器材、监控通信设备及防雷装置等进行检查,并形成检查记录。如有特殊情况,应进行专项检查。

(2)安全设施

①火工品库四周围墙的高度不应低于2m,墙顶须设置防攀越措施;库区应按公安部门的要求安装视频监控系统及报警装置,监控应覆盖库区出入口、雷管库、炸药库、值班室等重点部位。

②火工品库入口处应设置防火警示牌,炸药库、雷管库应按规定设置明显的安全警示标牌,并标明物品名称、危险等级(图1-26)。

图1-26 火工品库

③库房应设置防盗门与格栅门,门前设置防静电设施,每个库房须由具备专业资质的机构安装避雷装置;库房外的电气照明应采用防爆开关及灯具,灯具的照射方向与监控位置一致,并配备防爆手电筒或手提式防爆灯。

④炸药库与雷管库之间应设置防爆土堆,防爆土堆应高出雷管库、炸药库房顶平面50cm以上。

⑤值班室醒目位置应设置报警电话提示牌。

⑥进入雷管库的人员应穿着防静电鞋、防静电服或纯棉工作服。

1.5.3 易燃易爆品仓库

(1)安全要点

①不同性质的易燃易爆品须分开存放,严禁混存;氧气、乙炔瓶储存间距不得小于10m。

②易燃易爆品仓库应做到空、重瓶分开;若同库存放时,应分开放置,两者间距应不小于1.5m。装卸、搬运时要轻装轻放,避免气瓶硬碰硬撞;装卸时不得产生火花。

③仓库应单独安装开关箱,禁止使用不合格的电器保护装置。
④仓库应配备专人进行保管;保管人员离库时,必须拉闸断电。
⑤罐体的使用、维护应符合《危险货物便携式罐体检验安全规范》(GB 19454)要求。
(2)安全设施
①仓库顶部应设置通风口,顶部上方宜设置遮阳棚(图1-27)。
②仓库应采用防爆开关和灯具,地面应设置一层缓冲垫;储存大量易燃物品的仓库场地应设置独立的避雷装置。
③仓库入口处应设置"严禁烟火"、危险源告知标志等安全警示标志。

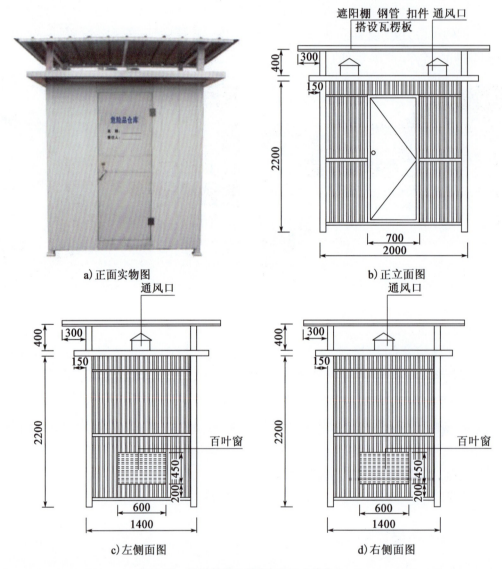

图1-27 易燃易爆品储存间(尺寸单位:mm)

1.5.4 油库

(1)安全要点
①储油库宜采用地下(全埋)或半地下(半埋)方式,采用卧式放置。桶装汽油应放置

在阴凉的地方,避免暴晒。

②燃油应安排专人进行装卸、抽取,并造册登记。

③油库应按设计规定装油,不能混装;库区内禁止存放危险品、爆炸品和其他易燃物品。

④油库应划分消防区域,悬挂油品型号标识牌;油库管理员应定期(每月至少一次)对库区消防器材进行检查维护,并形成检查记录。

⑤油罐外壁应涂防锈漆,并定期清洗;罐体的使用、维护应符合《危险货物便携式罐体检验安全规范》(GB 19454)要求。

⑥油库与铁路、施工现场驻地、居民区及公共建筑物之间的安全距离应不少于60m。

(2)安全设施

①库房内应设置油罐摆放台架,防止油罐滚动,台架宜采用混凝土或钢管制作(图1-28)。

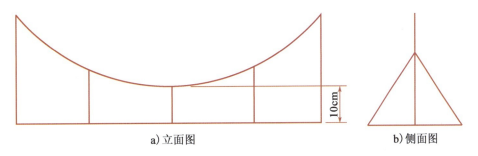

图1-28 油罐摆放台架

②油罐安全阀、呼吸阀、液位计、防静电、防雷接地装置等安全设施应齐全可靠,接地电阻不得大于4Ω;并设置检修通道和作业平台。

③油库上方应设置防晒棚,四周应设置围栏及排水沟,围栏宜采用隔离栅;油库醒目位置应设置"严禁烟火""无关人员、禁止入内"等安全警示标志(图1-29)。

④油库入口处应设置防静电装置;库区消防设施应按照本指南3.3要求配备。

图1-29 油库安全防护

1.6 临时施工设施

1.6.1 一般规定

（1）施工便道应因地制宜，充分利用现场的地形和地物，尽量避开洼地、河流及不良地质地段，避免与既有铁路、交通复杂路段的公路平面交叉。便道傍山时，要注意边缘的危石处理，必要时应进行放坡处理；便道沿河时，应严格按防汛要求，做好下边坡的防护。

（2）通航水域搭设栈桥前，应取得当地海事和航道管理部门批准，并取得"水上、水下施工作业许可证"。

（3）临时码头宜选在河流两岸开阔、河床稳定、水流顺直、地质条件较好的河段，两岸引道应保持坚固、稳定。

（4）在栈桥、临时码头施工前，施工单位应根据使用要求及水文、地质情况进行设计（确定荷载、高度等参数），并编制专项施工方案。若设计无规定，栈桥高度宜根据15年一遇的洪水频率确定；海上施工的栈桥高度应根据10～20年一遇波浪要素值与潮汐特征值确定。

（5）便道、栈桥实施完成后，应采用材料运输车进行通行测试，以确保正常使用。

1.6.2 便道

（1）安全要点

①双车道施工便道宽度宜不小于6.5m；如采用单车道，车道宽度不小于3.5m，路基宽度不小于4.5m；每300m范围内，应设置一个长不小于20m、宽不小于2.5m的错车道；设置不大于2%的横坡。

②便道的最大纵坡宜不大于9%，对于山岭重丘区施工的便道，应保证施工车辆安全通行。

③施工便道路面宜采用泥结碎石或天然级配碎石；在条件允许的情况下，便道路面可采用隧道洞渣或矿渣铺筑；大纵坡便道、特大桥、隧道洞口、拌和站和预制场与地方路连接段便道路面须采用混凝土硬化，硬化长度不小于30m；所有便道必须满足雨天通行及运输要求。

④便道陡坡、急弯、连续转弯处车辆行驶速度应不超过5km/h，便道平直处车辆行驶速度应不超过20km/h。

（2）安全设施

①施工便道应做好临边防护及警示，在便道陡坡、急弯、连续转弯、下边坡临崖段宜采用防撞墩防护（图1-30），在便道平缓、顺直段宜采用警示柱防护（图1-31）。

②便道出入口处应设置限速标志和减速带；在转角、视线不良地段应设置广角镜及"减速慢行"等安全警示牌；跨越或邻近道路施工时应双向设置限速、慢行警示标志；道路危险地段应设置"危险地段、注意安全"等安全警示牌；便道陡坡、急弯、连续转弯处须设置"减速

慢行""当心滑倒"等安全警示牌;岔路口应设置方向指示牌(图1-32)。

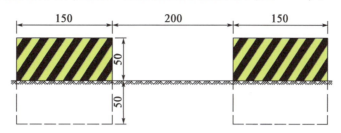

a)防撞墩立面图(尺寸单位:cm)

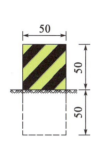

b)防撞墩侧面图(尺寸单位:cm)

c)现场图

图1-30 便道防撞墩临边防护

图1-31 警示柱临边防护

③施工便道靠汇水面一侧应设置排水沟,截面尺寸宜为30cm×30cm;便道通过水渠或灌溉沟渠部位应埋设管涵,其断面不小于原沟渠断面,确保排水能力(图1-33)。

图1-32 施工便道警示标志

图1-33 钢筋混凝土圆管涵

④开挖放坡新修的施工便道,应对便道的边坡和坡脚进行必要的防护,坡脚下排水沟要顺畅,不得有积水。

⑤临时便道与国道、省道或交通量较大的县乡道交叉时,应在交叉处设置警示标志;与国道、省道等交通量大的平交路口宜设置"一车一挡"设施,并安排人员24h值班;有高度限制的区域应设置限高架及警示标志。

1.6.3 栈桥

(1)安全要点

①人行栈桥宽度应不小于2.5m,人车混行的栈桥宽度应不小于4.5m,作业人员应单侧通行;若栈桥长度超过1km,应增加桥面宽度。

②栈桥桥面钢板安装好后,为保证桥上施工人员的安全,要求栏杆安装与工作面同步。

③通过栈桥的电缆线须绝缘良好,并固定在栈桥一侧绝缘电缆支架上;配电箱、消防、救生设备等应外挂设置,避免占用桥面通行空间。

④栈桥出入口处应进行交通管制,应定期或不定期对栈桥进行检查与维护,不得将栈桥作为船舶系缆的桩柱或锚固设施。

(2)安全设施

①栈桥两侧临边处应设置高度不小于1.2m的防护栏杆,并挂过塑钢丝网;栏杆立杆间距应不大于2m,横杆与上下杆件的间距应不大于0.6m;立杆和横杆应采用直径不小于48mm的钢管制作,钢管间应采用标准扣件连接或焊接,并涂上红白或黄黑相间的反光漆;栏杆与平台应采用焊接连接,焊缝高度不小于5mm;栏杆底部须安装高度不小于180mm的挡脚板(图1-34)。

图1-34　栈桥

②栈桥应设置满足施工安全要求的照明设施;栈桥桥面宜采用具有防滑措施的压型钢板或花纹钢板铺设,钢板上的突棱高度不应小于2mm,或在桥面按照一定间距布设横向螺纹钢筋以抗滑。

③栈桥两端应设置限速、限载标牌(图1-35),两侧护栏上应设置"注意安全""当心坠

落"等警示标志。

④水上栈桥护栏上应每隔50m配置一个救生圈,两侧错开设置;通航施工区域应按照主管部门的批复设置通航保障设施(图1-36)。

图1-35 限速、限载标牌

图1-36 救生圈、防撞措施

⑤栈桥施工时,应根据需要在栈桥一侧设置向外凸出的矩形平台,用于设置配电箱、消防、救生设备等(图1-37)。

图1-37 栈桥向外凸出的平台

1.6.4 临时码头

(1)安全要点

①临时码头需有抗冲刷、抗冲击能力,其附属设备(跳板、支撑、船环、柱桩等)应牢固可靠。

②渡船、拖轮应配备安全设施,严禁超载、超限。

③施工单位应加强临时码头各种设施的日常检查和维护,填写巡查记录表并存档。

(2)安全设施

①临时码头临边处应设置高度不小于1.2m的防护栏杆,临水端边坡应采用浆砌块石

或混凝土进行防护;引道须设置防滑、减速、防撞设施(图1-38)。

②临时码头临水端应设置靠船的靠帮和系缆设施,临边栏杆上应每隔5m设置一个救生圈,救生圈上系上救援绳,以备人员意外落水时打捞救助(图1-39);码头下方宜常备一艘救生船。

③临时码头应设置夜间警示标志、航标信号(图1-40),在醒目位置设置风险告知牌。

④渡船、拖轮上应配备救生衣、救生圈等急救设施,并在醒目位置设置限载、限宽、限停等标志标牌(图1-41)。

图1-38 临时码头

图1-39 救生圈、警示标志

图1-40 夜间警示标志

图1-41 拖轮上的急救设施

2 临时用电

2.1 一般规定

2.1.1 施工现场临时用电应该满足《施工现场临时用电安全技术规范》(JGJ 46)和《建设工程施工现场供用电安全规范》(GB 50194)的有关规定,并设置安全防护设施。各种用电设备、导线、开关、电器等禁止使用国家明令淘汰的产品。

2.1.2 对于总体用电方案及拌和场、钢筋加工场及预制场作业区,大桥、特大桥梁作业区,长隧道、特长隧道作业区,施工单位应进行专项用电设计,并编制施工现场临时用电组织设计;施工现场临时用电组织设计应包括下列内容:

(1)现场勘测;
(2)确定电源进线、变电所或配电室、配电装置、用电设备位置及线路走向;
(3)进行负荷计算;
(4)选择变压器;
(5)设计配电系统:设计配电线路,选择导线或电缆;设计配电装置,选择电器;设计接地装置;绘制临时用电工程图纸,主要包括用电工程总平面图、配电装置布置图、配电系统接线图、接地装置设计图;
(6)设计防雷装置;
(7)确定防护措施;
(8)制定安全用电措施和电气防火措施。

2.1.3 临时用电组织设计及变更时,必须履行"编制、审核、批准"程序,由电气工程技术人员组织编制,经相关部门审核及施工企业的技术负责人批准后实施。变更用电组织设计时应补充有关图纸资料。临时用电工程必须经编制、审核、批准部门和使用单位共同验收,合格后方可投入使用。

2.1.4 施工现场临时用电应采用 TN-S 接零保护系统,如图 2-1,做到"三级配电、两级保护"和"动照分设"。

即总配电箱、分配电箱和开关箱,开关箱必须设置漏电保护,并在上一级分配电箱或总配电箱中加装一级漏电保护器;当合并设置为同一配电箱时,动力和照明应分电路配电,动力开关箱与照明开关箱必须分设。

保护零线的统一标志为绿/黄双色线。在任何情况下不准使用绿/黄双色线作负荷线及工作零线。零线的截面应不少于相线截面50%。

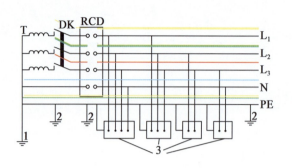

图 2-1　TN-S 接零保护系统示意图

1-工作接地;2-PE 线重复接地;3-电器设备金属外壳(正常不带电的外露可导电部分);L_1、L_2、L_3-相线;N-工作零线;
PE-保护零线;DK-总电源隔离开关;RCD-总漏电保护器;T-变压器

施工现场临时用电工程配电方式为:从一级总配电箱(配电柜)通过分路开关装置向若干二级分配电箱分路配电;二级分配电箱可向若干开关箱分路配电。开关箱应按"一机一箱一闸一漏一锁"设置,严禁一闸多用、一漏多机。

配电柜应装设电源隔离开关及短路、过载、漏电保护电器。电源隔离开关分断时应有明显可见的分断点。

总配电箱(配电柜)至分配电箱的线路必须使用五芯电缆,并采用三相五线制架空线路。分配电箱至开关箱、开关箱至用电设备的相数和线数应保持一致。动力与照明分设时,若动力开关箱内采用三极漏电保护器分配电箱至开关箱内,三相设备线路可采用四芯电缆(即三根相线和一根 PE 线),单相设备和一般照明线路可采用三芯电缆。

变压器、配电房、配电柜、配电箱等用电设施应设置"禁止攀爬、当心触电、请勿靠近"等明显的禁止、警告标志及责任标识牌。

电工必须持证上岗,施工电源及高低压配电装置应设专职人员负责运行与维护。施工现场不同工程部位电工的配备数量宜满足表 2-1 及投标文件的要求。

电工的配备数量表　　　　　　　　　　　　　表 2-1

工 程 部 位	电工配备人数
拌和场、钢筋加工场及预制场作业区	≥1
大桥、特大桥梁作业区	每三座大桥≥1、每座特大桥≥1
长隧道、特长隧道作业区	≥2

隧道内的临时用电,宜按照"永临结合"的要求统筹考虑;动力线和照明线路应该分设,不得在电力线路上加挂照明设施,动力干线上的每一分支线,必须装设开关及保险装置;高压进洞时应安装箱式变压器,变压器与周围及上下洞壁之间的最小距离不得小于 30cm,且变压器周围应设防护栏杆及警示灯;瓦斯隧道还应考虑用电防爆要求与措施。

临时用电工程应定期检查。每日应检查、维修配电箱、开关箱,定期复查接地电阻值、绝缘电阻值及漏电保护器的灵敏度和有效性,发现事故隐患必须及时处理,并做好相关检查、维修记录。

台风、暴雨后,对整个施工现场的供电系统及用电设备进行检查,确保无安全隐患后再投入使用。

2.2 外电线路

2.2.1 安全要点

(1)外电架空线路的最小安全距离范围内不得搭设作业棚,建造生活设施或堆放构件、架具、材料及其他杂物。

(2)在建工程(含脚手架)的周边与外电架空线路的边线之间、施工现场的机动车道与架空线路交叉时、起重机与架空线路边线之间、防护设施与外电线路之间的最小安全距离必须符合表2-2～表2-5的规定。

工程周边与架空线路的边线之间的最小安全距离　　　表2-2

外电线路电压等级(kV)	<1	1～10	35～110	220	330～500
最小安全操作距离(m)	4.0	6.0	8.0	10	15

施工现场的机动车道与外电架空线路交叉时的最小垂直距离　　　表2-3

外电线路电压等级(kV)	<1	1～10	35
最小垂直距离(m)	6.0	7.0	8.0

起重机与架空线路边线的最小安全距离　　　表2-4

外电线路电压等级(kV)	<1	10	35	110	220	330	500
沿垂直方向安全距离(m)	1.5	3.0	4.0	5.0	6.0	7.0	8.5
沿水平方向安全距离(m)	1.5	2.0	3.5	4.0	6.0	7.0	8.5

防护设施与外电线路之间的最小安全距离　　　表2-5

外电线路电压等级(kV)	≤10	35	110	220	330	500
最小安全操作距离(m)	2.0	3.5	4.0	5.0	6.0	7.0

(3)防护设施与外电线路的安全距离无法满足时,必须与电力部门协商,采取停电、迁移外电线路或改变工程位置等措施保证安全。

(4)起重机作业时严禁越过无防护设施的外电架空线路,上、下脚手架的斜道不宜设在外电线路的一侧。

(5)现场开挖沟槽的边缘与埋地外电缆沟槽边缘之间的距离不得小于0.5m。

2.2.2 安全设施

(1)在跨越在建工程的高压线未拆改以前,在其周边作业时,必须树立醒目的"高压危险"等警告标志,并应当设立安全限界隔离警示护栏等围蔽设施。

(2)当与高压线的距离达不到规定的安全距离要求且其他途径无法解决时,必须采取可靠的专门绝缘措施予以隔离防护,该隔离方案应当经过相关专家评审通过,并由相关的电力部门予以实施;防护设施顶面必须采用竹、木或其他绝缘材料搭设,宽度应超过架空线路两侧各0.75m以上,长度应超过横跨道路两侧各1.0m以上,并悬挂醒目的"高压危险"等警告标志。

2.3 供配电设施

2.3.1 安全要点

(1)室内变压器的外廓与变压器室墙壁和门的净距离应分别不小于0.6m和0.8m,并留出足够的检修通道。

(2)配电房建设应采用砖混结构,室内须设置配电柜布线地沟,周边应设置30cm×30cm的排水沟,并保持排水通畅。配电室室内地面应铺设绝缘胶垫,门窗应采用坚固的铁质材料,做到自然通风,配电室的门应向外开并配锁。顶部应采用防火、防雨板材,并设置保温层或隔热层,且坡度不小于5%。配电房与变压器的水平安全距离应在3m以上。

(3)配电室的顶棚与地面的距离应不小于3m,配电装置的上端距棚顶应不小于0.5m。

(4)配电柜正面的操作通道宽度,单列布置或双列背对背布置时应不小于1.5m,双列面对面布置时应不小于2m;配电柜后面的维护通道宽度,单列布置或双列面对面布置时应不小于0.8m,双列背对背布置时应不小于1.5m;个别地点有建筑物结构凸出的地方,通道宽度可减少0.2m;配电柜侧面的维护通道宽度应不小于1m。

(5)发电机房宜采用砖混砌筑或阻燃板材搭建,做到防尘、防雨,大门应向外开启,排烟管道需伸出室外;应及时清理发电机房内的油渍、油污。

(6)发电机应采用电源中性点直接接地的三相四线供电系统和独立设置的TN-S接零保护系统,接地应符合固定式电气设备接地的要求。

(7)发电机组电源必须与外电线路电源连锁,严禁并列运行。发电机组并列运行时必须装设同期装置,并应在机组同步运行后再向负载供电。

2.3.2 安全设施

(1)变压器宜优先选用箱式变压器,应设置安全防护屏障或网栅围栏,高度不低于2.0m,并在围栏上设置"禁止攀爬、当心触电、请勿靠近"等警示标志,变压器台座应高于室外地面0.6m,如图2-2所示。

(2)配电室内的裸母线与地面垂直距离小于2.5m时,应采用遮栏隔离,遮栏下面通道的高度不小于1.9m。配电柜和控制柜应做好接地保护。

(3)配电室的建筑物和构筑物的耐火等级应不低于3级,室内外各设1组(2个)4kg以上的干粉灭火器,室外应设置消防沙池,消防铲不少于4个。

(4)在配电柜或配电线路停电维修时,应挂接地线,并悬挂"禁止合闸、有人工作"停电标志牌,停送电必须由专人负责。

(5)发电机房须配置1组(2个)4kg以上的干粉灭火器,室外应设置消防沙池,消防铲不少于4个。

(6)使用移动式小型发电机时,在出口侧应设置短路、过载、低压及漏电等保护装置,机体应可靠接地。

图2-2 变压器的防护与警示

2.4 配电箱及开关箱

2.4.1 安全要点

(1)配电系统应设置总配电箱、分配电箱、开关箱,实行三级配电。总配电箱应靠近电源区域,分配电箱应设在用电设备相对集中的区域,与开关箱的距离严禁大于30m,开关箱应靠近用电设备,与用电设备的水平距离不宜大于3m。使用的隔离开关和断路器在分断时应具有可见分断点。

(2)总配电箱的电器应具备电源隔离,正常接通与分断电路,以及短路、过载、漏电保护功能。总配电箱的设置如图2-3所示。电器设置应符合下列原则:

①当总路设置总漏电保护器时,应加装总隔离开关、分路隔离开关以及总断路器、分路断路器或总熔断器、分路熔断器。当所设的总漏电保护器同时具备短路、过载、漏电保护功能时,可不设总断路器或总熔断器。当采用带隔离功能的断路器时,可不设置隔离开关。

②当各分路设置分路漏电保护器时,应加装总隔离开关、分路隔离开关以及总断路器、分路断路器或总熔断器、分路熔断器。当分路所设的漏电保护器同时具备短路、过载、漏电保护功能时,可不设分路断路器或分路熔断器。

③隔离开关应设置在电源进线端,应采用分断时具有可见分断点并能同时断开电源所有极的隔离开关。如采用分断时具有可见分断点的断路器,可不另设隔离开关。

④熔断器应选用具有可靠灭弧分断功能的产品。

⑤总开关电器的额定值、动作整定值应与分路开关电器的额定值、动作整定值相适应。

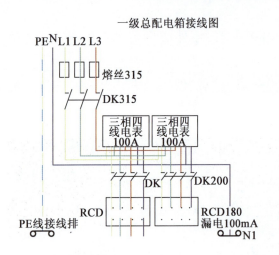

图2-3 总配电箱内电器布置、连线图

(3)总配电箱应装设电压表、总电流表、电度表及其他需要的仪表。专用电能计量仪表的装设应符合当地供用电管理部门的要求。总配电箱的配出回路数应为1~5个。

(4)总配电箱中漏电保护器的额定漏电动作电流应大于30mA,额定漏电动作时间应大于0.1s,但其额定漏电动作电流与额定漏电动作时间的乘积不应大于30mA·s。

(5)分配电箱应装设总隔离开关、分路隔离开关以及总断路器、分路断路器或总熔断器、分路熔断器。其设置和选择应符合本节安全要点中"(2)"中总配电箱的有关要求。分配电箱的配出回路数应为2~7个。分配电箱的设置如图2-4所示。

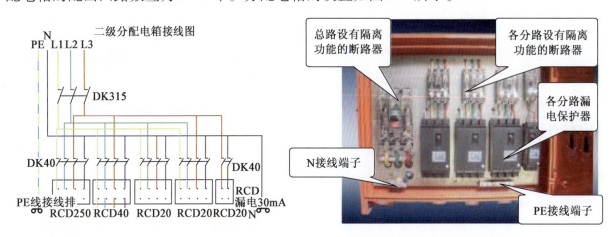

图2-4 分配电箱内电器布置、连线图

(6)配电箱的电器安装板上必须分设N线端子板和PE线端子板。N线端子板必须与金属电器安装板绝缘;PE线端子板必须与金属电器安装板做电气连接。进出线中的N线必须通过N线端子板连接;PE线必须通过PE线端子板连接,见图2-4。

(7)开关箱必须装设隔离开关、断路器或熔断器,以及漏电保护器。当漏电保护器同时具有短路、过载、漏电保护功能时,可不装设断路器或熔断器。隔离开关应采用分断时具有可见分断点、能同时断开电源所有极的隔离开关,并应设置于电源进线端。当断路器具有可见分断点时,可不另设隔离开关。

(8)开关箱中漏电保护器的额定漏电动作电流应不大于30mA,额定漏电动作时间应不大于0.1s。使用于潮湿或有腐蚀介质场所的漏电保护器应采用防溅型产品,其额定漏电动作电流应不大于15mA,额定漏电动作时间应不大于0.1s。

(9)每台用电设备必须有各自专用的开关箱,严禁用同一个开关箱直接控制2台及2台以上用电设备(含插座),严禁使用插线板接电。

(10)配电箱或开关箱应当有可靠的门,平时应当注意其始终处于关闭状态。

2.4.2 安全设施

(1)配电箱、开关箱应采用冷轧钢板或阻燃绝缘材料制作,开关箱箱体的钢板厚度不得小于1.2mm,配电箱箱体钢板的厚度不得小于1.5mm,箱体表面应做防腐处理。配电箱、开关箱的外形结构应能防雨、防尘,如图2-5所示。

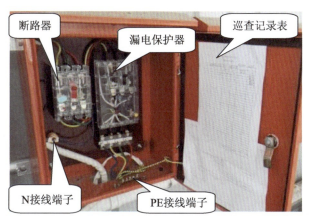

图2-5　开关箱内电器布置、连线图

(2)配电箱、开关箱应装设端正、牢固。固定式配电箱、开关箱的中心点与地面的垂直距离应为1.4~1.6m,见图2-6。移动式配电箱、开关箱应装设在坚固、稳定的支架上,其中心点与地面的垂直距离宜为0.8~1.6m。

图2-6　配电箱、开关箱及其布置图

(3)配电箱、开关箱的进、出线口应设在箱体的下底面,并应配置固定线卡,进出线应加绝缘护套、成束做好防水弯卡固在箱体上,且不得与箱体直接接触,见图2-6。

(4)对配电箱、开关箱进行定期维修、检查时,必须将其前一级相应的电源隔离开关分闸断电,并悬挂"禁止合闸、有人工作"停电标志牌,严禁带电作业。

2.5 低压配电线路

2.5.1 安全要点

(1)架空线路

①架空线路由电杆、导线、横担、绝缘子、金具和拉线等组成。架空线须采用绝缘导线或电缆线,并应架设在专用电杆上,电杆宜采用混凝土杆或木杆,其长度不小于8m。电杆埋设时不得有倾斜、下沉及杆基积水现象,埋设深度应为杆长的 $1/10 + 0.6m$,装设变压器的电线杆的埋深应不小于2m。

②架空线路须固定在针式绝缘子或蝶式绝缘子上,电线与横担的距离应不少于5cm。架空线路的绑线材质应与导线相同,直径不小于2mm,绑扎长度应不小于150mm。

③电杆的斜拉线宜用截面不小于 $25mm^2$ 的钢绞线,斜拉线与电杆的夹角应在450°~300°之间,斜拉线埋设深度不得小于1m,斜拉线从导线之间穿过时应装设斜拉线绝缘子。因受地形环境限制不能装设斜拉线时,可采用撑杆代替斜拉线,撑杆埋深不得小于0.8m,其底部应垫底盘或石块,撑杆与主杆的夹角值为300°。

④架空线路的档距不得大于35m,线间距不得小于0.3m,靠近电杆的两导线间距不得小于0.5m。架空线路布置见图2-7。

⑤架空线导线截面的选择应满足的要求有:导线中的负荷电流应不大于其允许载流量;线路末端电压偏移应不大于额定电压的5%;单相线路的零线截面与相线截面应相同,为满足机械强度要求,绝缘铝线截面应不小于 $16mm^2$,绝缘铜钱截面应不小于 $10mm^2$;跨越铁路、公路、河流、电力线路档距内的架空绝缘铝线最小截面应不小于 $35mm^2$,绝缘铜线截面应不小于 $16mm^2$。

⑥在一个档距内每一层架空线的接头数不得超过该层导线数的50%,且一根导线只允许有一个接头。线路在跨越铁路、公路、河流、电力线路时,档距不得有接头。导线接头应采用压接或焊接,接头长度为导线直径的7~15倍。线路安装时应先安装用电设备侧,再安装电源侧;拆除时反之。

(2)电缆线路

①电缆线路应采用埋地(设置电缆槽或埋管)或架空方式敷设,严禁沿地面明设,并应避免机械损伤和介质腐蚀。埋地电缆的路径应设方位标志。

②电缆中必须包含全部工作芯线和用作保护零线或保护线的芯线。需要三相四线制配电的电缆线路必须采用五芯电缆。五芯电缆必须包含淡蓝、绿/黄二种颜色的绝缘芯线。淡蓝色芯线必须用作N线;绿/黄双色芯线必须用作PE线,严禁混用。

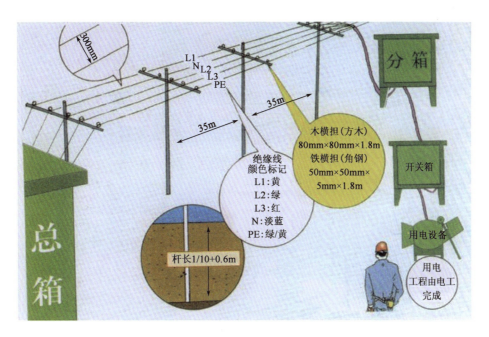

图 2-7 架空线路布置图

注：1. 横担：木横担(方木)80mm×80mm×1.8m；铁横担(角钢)50mm×50mm×5mm×1.8m。
2. 绝缘线颜色标记及排序：L1 黄，N 淡蓝，L2 绿，L3 红，PE 绿/黄双色。

③架空电缆应沿电杆、支架或墙壁敷设，并采用绝缘卡固定，绑扎线必须采用绝缘线，固定点间距应保证电缆能承受自重带来的荷载。橡皮电缆的最大弧垂距地不得小于 2.5m。

(3) 室内配线

①进户线的室外端应采用绝缘子固定，过墙应穿管保护，距地面不得小于 2.5m，并应采取防雨措施。

②每栋房应安装有总开关箱，室内配线所用的导线截面应根据用电设备的计算负荷确定，但铜线截面应不小于 $1.5mm^2$。

③室内配线必须有漏电保护、短路保护和过载保护等功能。短路保护和过载保护的电器负荷与绝缘导线、电缆的选配应符合规范要求。室内各处接头必须用分线盒保护。

④室内配线设置应整齐、简洁，严禁乱拖乱拉、随意接设，不得使用大功率的电器设备；漏电保护器、插座等宜设置在人员活动轻易触碰不到的位置。

⑤室外灯具距地面应不小于 3m，室内灯具距地面的距离应不小于 2.4m，插座接线时应符合规范要求。

⑥各种用电设备、灯具的相线必须经开关控制，不得将相线直接引入灯具。

2.5.2 安全设施

(1) 电缆直接埋地敷设的深度应不小于 0.7m，在电缆周边均匀敷设不少于 50mm 厚的细砂，并覆盖砖或混凝土板等硬质保护层，保护层应超过电缆两侧各 50mm。埋地电缆在穿越建筑物、构筑物、道路、易受机械损伤、介质腐蚀场所及引出地面从 2.0m 高到地下 0.2m

处,须加设防护套管,防护套管内径不应小于电缆外径的1.5倍。在拐弯、接头、终端和进出建筑物等地段,应装设明显的方位标志,直线段上应适当增设标桩,桩需露出地面约15cm。

(2)室内配线必须采用绝缘铜导线,用塑料夹固定敷设,距地面的高度不得小于2.5m,并应尽量减少接头。管内、槽板内不得有接头,接头应放在接线或分线盒内,线路交叉或与管道交叉时,每根导线要穿绝缘管进行防护。

2.6 接地与防雷

2.6.1 安全要点

(1)相线、N线、PE线的颜色标记必须符合的规定为:相线L1(A)、L2(B)、L3(C)相序的绝缘颜色依次为黄、绿、红色;N线的绝缘颜色为淡蓝色;PE线的绝缘颜色为绿/黄双色。任何情况下上述颜色标记严禁混用或互相代用。

(2)保护零线应单独敷设,并不得装设开关或熔断器。

(3)配电箱的金属箱体、施工机械、照明器具、电器装置的金属外壳及支架等不带电的外露可导电部分应做保护接零,与保护零线的连接应采用铜鼻子连接。

(4)在TN系统中,保护零线每一处重复接地装置的接地电阻值不应大于10Ω。变压器或发电机的工作接地电阻值不得大于4Ω。施工现场内所有防雷装置的冲击接地电阻值不得大于30Ω。

(5)若机械已做防雷接地,其电气设备连接的PE线必须同时重复接地,机械的防雷接地可与其电气设备的重复接地共用同一接地体,但接地电阻应符合重复接地电阻值的要求。

(6)当施工现场内的起重机、大型拌和机、龙门架等机械设备,钢制脚手架和正在施工的在建工程等金属结构,被安置在空旷地带且处在相邻建筑物、构筑物等设施的防雷装置接闪器的保护范围以外,以及设备高度在12m以上时,应按规定安装防雷装置。

(7)施工现场内的塔式起重机、施工电梯、搅拌站及滑升模板应做重复接地,其PE线的重复接地与机体的防雷接地可共用同一接地体。防雷装置的接闪器(避雷针)应设置于其最顶端,接地装置宜采用镀锌圆钢或焊接钢管制成,圆钢直径应不小于16mm,钢管直径应不小于25mm,长度应为1~2m。塔式起重机可不另设避雷针(接闪器)。

(8)机械设备或设施的防雷引下线宜采用圆钢或扁钢,亦可利用该设备或设施的金属结构体,但应保证电气连接。

(9)防雷装置必须由有相应资质的单位安装并出具报告。

2.6.2 安全设施

(1)在隧道等潮湿或条件特别恶劣环境下的电气设备必须采用保护接零。

(2)不得采用铝导体做人工接地装置的接地体或地下连接线,顶部埋深应不小于0.8m,

应优先采用水平接地体。水平接地体宜采用扁钢或圆钢;垂直接地体宜采用角钢、钢管或圆钢,不应采用螺纹钢材;角钢厚度应不小于4mm,圆钢直径应不小于10mm,钢管壁厚不小于3.5mm;角钢制作的人工垂直接地体见图2-8;接地装置所使用的圆钢、扁钢、角钢、钢管均必须镀锌。接地电阻测试仪见图2-9。

图2-8 角钢制作的人工垂直接地体

图2-9 接地电阻测试仪(数字式钳形)

2.7 电动机械及手持电动工具

2.7.1 安全要点

(1)作业人员在潮湿场所或金属构架上操作时,必须选用Ⅱ类或由安全隔离变压器供电的Ⅲ类手持式电动工具。金属外壳Ⅱ类手持式电动工具在使用时,其金属外壳与PE线的连接点不得少于2处;其开关箱和控制箱应设置在作业场所外面。在潮湿场所或金属构架上,严禁使用Ⅰ类手持式电动工具。

(2)混凝土搅拌机、插入式振动器、平板振动器、地面抹光机、水磨石机、钢筋加工机械、木工机械、盾构机械、手持式电动工具的负荷线必须采用耐气候型橡皮护套铜芯软电缆,并不得有任何破损和接头。水泵的负荷线必须采用防水橡皮护套的铜芯软电缆,严禁有任何破损和接头,并不得承受任何外力。盾构机械的负荷线必须固定牢固,距地高度不得小于2.5m。

(3)对混凝土搅拌机、钢筋加工机械、木工机械、盾构机械等设备进行清理、检查、维修时,必须首先将其开关箱分闸断电,呈现可见电源分断点后,关门上锁,悬挂维修标示牌。

(4)交流弧焊机变压器的一次侧电源线长度应不大于5m,其电源进线处必须设置防护罩。发电机式直流电焊机的换向器应经常检查和维护,应消除可能产生的异常电火花。交流电焊机械应配装防二次侧触电的保护器。

(5)具有正反向运转的电动建筑机械的控制装置中,控制电气应采用接触器、继电器等自动控制电器,不得采用倒顺开关作为控制器。

(6)所有开关箱的漏电保护器应满足本指南2.4.1中(8)条规定。

2.7.2 安全设施

使用手持式电动工具时,作业人员必须按规定穿、戴绝缘防护用品。

2.8 照明

2.8.1 安全要点

(1)现场照明应采用高光效、长寿命的照明光源。对需大面积照明的场所,应采用 LED 灯、高压汞灯、高压钠灯或混光用的卤钨灯等。

(2)停电后,操作人员需及时撤离的施工现场,必须装设有自备电源的应急照明。

(3)一般场所宜选用额定电压为 220V 的照明器。下列特殊场所应使用安全特低电压照明器:

①隧道、人防工程、高温、有导电灰尘、比较潮湿或灯具离地面高度低于 2.5m 等场所的照明器,电源电压不应大于 36V。

②潮湿和易触及带电体场所的照明器,电源电压应不大于 24V。

③特别潮湿场所、导电良好的地面、锅炉或金属容器内的照明器,电源电压不得大于 12V。

(4)碘钨灯及钠、铊、铟等金属卤化物灯具的安装高度宜在 3m 以上,灯线应固定在接线柱上,不得靠近灯具表面。

(5)夜间影响飞机航行或车辆通行的在建工程及机械设备,必须设置醒目的红色信号灯,其电源应设在施工现场总电源开关的前侧,并应设置外电线路停止供电时的应急自备电源。

(6)隧道内漏水地段应采用防水灯具,瓦斯地段应采用防爆灯具。

2.8.2 安全设施

灯具内的接线必须牢固,灯具外的接线必须做可靠的防水绝缘包扎。

3 消防安全

3.1 一般规定

3.1.1 设计、建设、监理、施工单位应认真贯彻落实"预防为主、防消结合"的方针,建立健全消防安全预警机制,确定消防安全责任人及消防重点部位责任人,有效落实消防安全责任。

3.1.2 建设、监理、施工单位应结合消防重点部位,及时采购、储备经消防部门检测合格的消防器材,建立消防设备设施管理台账,并定期对应急物资的保管状态进行抽查,并及时进行补充和更新,确保消防器材的有效性。

3.1.3 建设、监理、施工单位应每季度进行一次消防专项安全检查;当消防器材出现喷嘴损坏、垫圈老化、内胆破损及压力不足等情况时,应予维修或更换。

3.1.4 建设、监理、施工单位应根据项目实际情况,编写火灾应急预案,并定期组织消防应急演练。

3.1.5 消防安全的其他要求应遵守《建设工程施工现场消防安全技术规范》(GB 50720)及《建筑设计防火规范》(GB 50016)相关规定。

3.2 安全要点

3.2.1 项目驻地

(1)项目驻地的疏散楼梯、安全通道应保持畅通,严禁在楼梯间堆放杂物。

(2)严禁使用电炉和超限载的大功率用电取暖设备;严禁使用有明火的取暖设施;严禁在床上吸烟,烟头等杂物不准随地乱丢;严禁带易燃易爆物品进入宿舍;严禁乱搭电线。

(3)项目驻地生活区的垃圾、可燃杂物应集中堆放,并安排专人定期清理;垃圾、可燃杂物不得堆放在宿舍附近及建筑物内。

3.2.2 电气防火管理要点

(1)不得在电气设备周围使用火源,特别在变压器、发电机等场所严禁烟火。

(2)库区的每个库房外应单独安装开关箱,禁止使用不合格的电器保护装置;保管人员离库时,必须拉闸断电。

(3)定期对现场作业人员进行电气防火知识宣传教育。

3.2.3 电、气焊作业

(1)施工现场氧气瓶与乙炔瓶的工作间距应不小于5m,与火源的距离应不小于10m,与明火作业点的距离不得小于10m。

(2)焊接作业时,施焊场地应通风良好;施焊完毕后,操作人员应对现场进行检查,确认无火灾隐患后方可离开。

(3)在高空焊接时,在焊接周围应备有消防设施,施焊部位下面应垫石棉板或铁板。

(4)当有5级及以上风力或其他不良气候影响时,应停止焊接、切割等室外动火作业。

(5)储油罐及管道内有存油时,不得进行电、气焊作业;动火作业应严格执行动火审批制度;动火前必须清洗储油罐,并经测爆合格。

3.2.4 其他

(1)具有火灾、爆炸危险的地方严禁明火;裸露的可燃材料上严禁直接进行动火作业。

(2)固定动火作业场所应布置在可燃材料堆场及其加工场、易燃易爆危险品库房等区域的全年最小频率风向的上风侧。

(3)易燃易爆危险品库房与在建工程的防火间距应不小于15m,可燃材料堆场及其加工场、固定动火作业场与在建工程的防火间距应不小于10m,其他临时用房、临时设施与在建工程的防火间距应不小于6m。

(4)发电机房、变配电房、厨房操作间、锅炉房、可燃材料库房及易燃易爆危险品库房等建筑的构件燃烧性能等级应为A级。

(5)施工现场主要临时用房、临时设施的防火间距如表3-1所示。

施工现场主要临时用房、临时设施的防火间距(单位:m) 表3-1

名称＼间距＼名称	办公、用房、宿舍	发电机房、变配电房	可燃材料库房	厨房操作间、锅炉房	可燃材料堆场及其加工	固定动火作业场	易燃易爆危险品库房
办公、用房、宿舍	4	4	5	5	7	7	10
发电机房、变配电房	4	4	5	5	7	7	10
可燃材料库房	5	5	5	5	7	7	10
厨房操作间、锅炉房	5	5	5	5	7	7	10
可燃材料堆场及其加工	7	7	7	7	7	10	10
固定动火作业场	7	7	7	7	10	10	12
易燃易爆危险品库房	10	10	10	10	10	12	12

注:1.临时用房、临时设施的防火间距应按临时用房外墙外边线或堆场、作业场、作业棚边线间的最小距离计算,当临时用房外墙有突出可燃构件时,应从其突出可燃构件的外缘算起。
2.两栋临时用房相邻较高的一面的外墙为防火墙时,防火间距不限。
3.本表未规定的,可按同等火灾危险性的临时用房、临时设施的防火间距确定。

3.3 安全设施

3.3.1 项目驻地宜安装消防报警系统,并设置消防车道,消防车道净宽和净高均应不小于4m。

3.3.2 当项目驻地或临时用房每层建筑面积大于200m² 时,应设置至少两部疏散楼梯,楼梯净宽度不宜小于1m,楼梯临边应设置不低于1.2m的栏杆扶手。应在项目驻地和各作业场所醒目位置设置安全疏散示意图及明显的疏散指示标志,其指示方向应指向最近的临时疏散通道入口。

3.3.3 项目驻地及动火作业点靠近山林端宜设置不小于4m的防火隔离带,并设置"严禁烟火"警示标牌。

3.3.4 施工现场应设置临时消防车通道,临时消防车通道与在建工程、临时用房、可燃材料堆场及其加工场的距离不宜小于5m,且不宜大于40m,消防车道净宽应不小于4m;当施工现场周边道路满足消防车通道及灭火救援要求时,施工现场内可不设置消防车通道。

3.3.5 项目驻地与施工现场应设置明显的消防标志标牌及责任铭牌,临时用电设施、通道出入口、楼梯口及存放易燃易爆危险品等部位应设置消防安全警示标牌。

3.3.6 发电机房、变配电房及疏散通道等场所应设置临时应急照明器材。

3.3.7 项目驻地及施工现场应按规定要求配备灭火器、消防沙池、消防水池、消防桶、消防铲等消防设备设施;手提式灭火器宜设置在灭火器箱内、挂钩或托架上,其顶部离地面高度应不大于1.5m,底部离地面高度不宜小于0.08m;消防器材应放置在明显易取的地方,且不得影响安全疏散(图3-1~图3-3)。

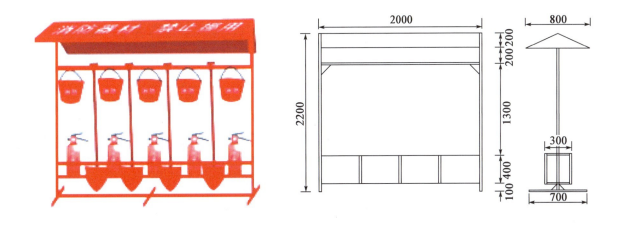

图3-1 消防架(尺寸单位:mm)

3.3.8 项目驻地及施工现场配置消防设备设施的具体要求如表3-2所示。

图3-2 消防水池

图3-3 消防沙池

项目驻地及施工现场消防设备设施的配置要求　　　　　表3-2

序号	设置部位	消防设备设施
1	厨房、食堂	各配备手提式4kg干粉灭火器不少于2具
2	办公区和生活区	每100m^2配备手提式4kg干粉灭火器不少于2具,并在适当位置设手动(或电动)消防水泵一台及不小于20m^3消防水池一个,以及2m^3的消防沙池一个
3	门卫	配备手提式4kg干粉灭火器不少于2具,以及1条20m长、直径为65mm的消防水带
4	试验室	力学室、混凝土室配备手提式4kg干粉灭火器各不少于1具,集料室、土工室、化学分析室、沥青室、抽提室各配备手提式4kg干粉灭火器不少于2具
5	拌和楼及控制室	各配备手提式4kg干粉灭火器不少于1具;沥青罐区、导热油炉、油料存储区各配置推车式35kg干粉灭火器不少于2具,手提式4kg干粉灭火器不少于4具,并在拌和楼区域设置一个2m^3消防沙池及2把消防铲
6	储料仓	配备手提式4kg干粉灭火器不少于2具
7	钢筋加工场	在动火区按每50m^2设置手提式4kg干粉灭火器2具
8	发电机房、变配电房	各配备手提式4kg干粉灭火器不少于2具
9	火工品库	值班室配备手提式4kg干粉灭火器不少于2具、消防铲2把、消防桶4只;炸药库、雷管库各配备手提式4kg干粉灭火器不少于2具、消防铲2把(宜悬挂于墙1.5m高处),2m^3消防沙池置于两库中间,沙池旁设置储水量不小于15m^3的消防水池,并配备消防水泵
10	易燃易爆品仓库	每间仓库配备手提式4kg干粉灭火器不少于2具,宜配备推车式35kg干粉灭火器不少于1具
11	油库	配备推车式35kg干粉灭火器不少于1具,手提式4kg干粉灭火器不少于4具,并配备一个2m^3消防沙池,留有消防通道

续上表

序号	设置部位	消防设备设施
12	临时动火作业场所	配备手提式4kg干粉灭火器不少于1具
13	隧道	长、特大隧道内大型电器设备(变压器、高压开关柜、变配电室)每处配备手提式4kg干粉灭火器不少于2具,其四周2m内禁止放置易燃易爆物品;每具工作车台上配备手提式4kg干粉灭火器不少于4具
14	机械设备	机械驾驶室内配备手提式0.5kg干粉灭火器不少于1具

4 特种设备

4.1 一般规定

4.1.1 特种设备的安装、改造、拆除等工作须由具备相应资质的单位承担,其安装、改造、拆除、使用、定期检验等工作应符合《特种设备安全法》中的相关规定。安装、拆除龙门吊、塔吊、架桥机等起重设备应编制安装拆除专项施工方案。

4.1.2 特种设备应具有出厂合格证,安装完成之后应委托具有相应资质的检验检测机构进行检验,检验合格后,应取得检验检测合格证;还应向当地特种设备安全监督管理部门办理使用登记手续,取得使用登记证后方可投入使用。

4.1.3 特种设备进场后,须建立设备管理台账,做到"一机一档";应定期对特种设备进行检查、维修及保养,并做好维修保养记录。

4.1.4 特种作业人员必须持有特种作业操作证方可上岗。

4.1.5 特种设备上各种安全防护、保险限位装置及各种安全信息装置必须齐全有效。

4.1.6 起重作业前,必须严格检查起重设备各部件的可靠性和安全性。当被吊物的重量达到起重设备额定起重能力的90%及以上时,应进行试吊。

4.1.7 起重吊装作业时必须严格遵守以下规定:

(1)设备安全装置必须灵敏有效,严禁设备带病作业。

(2)起吊时须选取合适的吊点,严禁斜拉、斜吊。

(3)禁止起吊重量不明、埋于地下或黏结在地面上的重物,严禁超载起吊。

(4)起吊散物时必须捆扎牢固或采用专用吊篮,起吊物料不能装放过满;棱刃物起吊时在与钢丝绳直接接触的部位须设置保护措施。

(5)起重作业时,现场必须有专门的指挥员和安全员。

(6)起重作业时,严禁在已吊起的构件下或起重臂旋转范围内作业或通行。

(7)高空吊装梁等大型构件时应在构件两端设置溜绳。

(8)室外起重设备应在顶部不挡风处设置风速仪,6级以上大风时严禁室外起吊作业,海上等特殊环境作业时须进行专项论证。

4.1.8 吊索吊具须满足以下规定:

(1)钢丝绳的安全系数须满足表4-1的要求。

(2)钢丝绳出现下列情况时禁止使用:

①断股或使用时断丝速度增大;

钢丝绳安全系数 表4-1

部 位	安全系数	部 位	安全系数
缆风绳	3.5	起吊和捆绑	6
支撑动臂	4	千斤绳	8~10
卷扬机	5	缆索承重绳	3.75

②在一个节距内的断丝数量超过总丝数的10%；

③出现拧扭死结、死弯、压扁、股松明显、波浪形、钢丝外飞、绳芯挤出以及断股等现象；

④钢丝绳直径减小7%及以上；

⑤钢丝绳表面的钢丝磨损或腐蚀程度达到表面钢丝直径的40%以上，或钢丝绳被腐蚀后，表面麻痕清晰可见，整根钢丝绳明显变硬。

（3）钢丝绳夹连接时须满足表4-2的要求。

钢丝绳夹连接安全要求 表4-2

钢丝绳公称直径(mm)	≤18	>18~26	>26~36	>36~44	>44~60
钢丝绳夹最少数量/组	3	4	5	6	7

注：钢丝绳夹夹座应在钢丝绳长头一边，钢丝绳夹的间距不应小于钢丝绳直径的6倍。

（4）起重机械所使用的吊钩和吊环严禁施焊，吊钩无防脱钩装置时严禁使用。当出现下列情况时，应及时更换：

①表面有裂纹；

②钩尾和螺纹部分等危险截面及钩颈有永久性变形；

③挂绳处截面磨损量超过原高度的10%；

④心轴磨损量超过其直径的3%~5%；

⑤板钩衬套磨损超过原厚度的50%；

⑥开口度比原尺寸增加15%，开口扭转变形超过10%。

4.1.9 特种设备作业现场应设置设备出厂合格证、检验检测报告、使用登记证和人员操作证书公示牌（图4-1），以及相关安全操作规程牌、机械设备标识牌等告示或安全警示标牌（图4-2）。

图4-1 特种设备证件公示牌　　　　　　　　　图4-2 机械设备标识牌

4.1.10 当塔吊、龙门吊以及架桥机位于地势较高或雷电区时宜设置避雷装置,并按照相关规定要求进行检查验收。

4.2 龙门吊

4.2.1 安全要点

(1)龙门吊首次使用前应进行试吊,并保留试吊记录。

(2)龙门吊在每班起重作业前应进行空载运转,确认各机构运转正常、制动可靠、限位开关灵敏后,方可操作。

(3)使用过程中重物提升或下降时应平稳匀速。

(4)起吊过程中突然出现设备故障,应立即采取措施将重物平稳放置在安全位置,随后立即关闭电源进行检修。运行过程中突然断电时,应立即将所有控制器拨回零位,关闭总电源。

(5)龙门吊运行时要保持平行移动,若发现两侧移动不同步,应立即停机调整,防止出轨。

(6)龙门吊大车电机建议竖向安装,防止碰撞。

(7)龙门吊处于非工作状态时应及时收回吊钩并靠端头停车,停止使用时锁紧夹轨器,临时停止时应用垫木固定,并将控制器拨到零位,切断电源,并做好检查记录。

(8)龙门吊轨道纵坡应尽量保持水平,基础应满足轨道承载力要求。

(9)室外龙门吊桁架梁上不宜安装宣传标识标牌,避免增大阻风面积。

4.2.2 安全设施

(1)龙门吊停止使用时须锁紧夹轨器,夹轨器宜使用手动式夹轨器或电动式夹轨器,如图4-3所示。

图 4-3 手动式夹轨器和电动式夹轨器

（2）龙门吊的起重小车、大车应设置行走限位器，行走端头应设置防撞缓冲装置和车挡，并保证其灵敏有效，如图4-4、图4-5所示。

图4-4　行走限位器以及防撞缓冲装置

（3）龙门吊吊钩必须安装灵敏有效的防脱钩装置（图4-6）。

图4-5　行车轨道车挡　　　　　　　　图4-6　吊钩防脱钩装置

（4）龙门吊须按照规定设置声光报警装置，行走时应发出报警信号（图4-7），还应配备高音喇叭（图4-8）。

图4-7　龙门吊行走声光报警装置　　　　　　　图4-8　高音喇叭

(5)龙门吊应设置带有护栏的爬梯,供操作维修人员上下(图4-9)。

(6)龙门吊电缆宜采用滑线架供电;当采用收线器放缆方式供电时,应设置防磨损设施,严禁电缆拖地运行(图4-10)。

图4-9 龙门吊爬梯　　　　　　　　图4-10 滑线供电方式

(7)龙门吊行走端头应设置扫轨器,防止因大车行走时轨道上有物件堆阻造成脱轨事件。

(8)室外龙门吊作业现场应设置地锚,大风雷雨天气应锚固牢靠。

4.3 塔吊

4.3.1 安全要点

(1)塔吊基础须满足塔机使用说明书中关于承载力的要求,并结合塔机最不利承载条件进行相应验算。

(2)相邻两台塔机之间任何部位(包括起吊重物)的空间距离都不得小于2m。

(3)有架空输电线的场合,塔机的任何部位与输电线的安全距离,应符合表4-3的规定。如因条件限制不能保证表中的安全距离,应与有关部门协商,并采取安全防护措施后方可安装使用。

塔机与输电线的安全距离　　　　　表4-3

安全距离(m)	电压(kV)				
	<1	1~15	20~40	60~110	220
沿垂直方向	1.5	3.0	4.0	5.0	6.0
沿竖直方向	1	1.5	2.0	4.0	6.0

(4)每天施工作业前,操作人员应对塔机安全装置进行检查,保证各项装置灵敏有效,发现问题应立即进行维修保养,并保留检查、维修保养记录。

(5)塔身顶升接高到塔机规定锚固间距时,应及时增设与建筑物的锚固装置。塔身高出锚固装置的自由端的高度应符合出厂规定。

(6)塔机在作业结束、临时停机或中途停电时,应放松抱闸,将重物缓慢放置地面并松钩,禁止将重物悬吊在空中。

(7)塔吊应按照规范要求设置接地保护,接地电阻应不大于4Ω,重复接地电阻不能大于10Ω。

(8)塔吊旋转半径投影范围内,不得设置施工或看守人员住宿点。

(9)塔吊应定期进行检查,要有检查方案,明确检查项目、要求和频次。其中附墙锚固、基础、各类限制器、限位装置、保护装置、滑轮组、钢丝绳、吊具等重点检查项目应每月检查一次;一般检查项目如电气防护等应每季度检查一次,极端恶劣气候后,应及时进行全面检查。每次检查均应保留检查记录。

4.3.2 安全设施

(1)塔吊基础四周应设置围挡,悬挂安全警示标牌;基础四周还应设置临时排水沟,如图4-11所示。

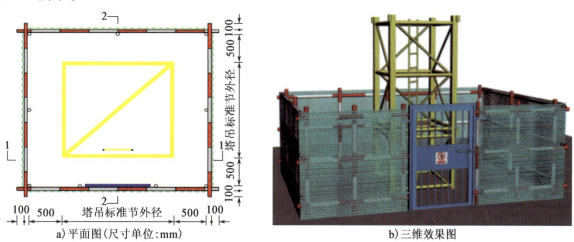

图4-11 塔吊基础围挡

(2)塔吊操作人员须每天检查起重量限制器、起重力矩限制器、行程限位装置等安全装置,保证其灵敏有效,并做好检查维修记录,严禁机械带病作业,如图4-12所示。

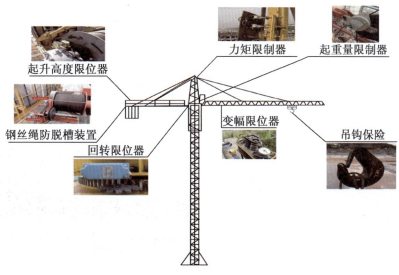

图4-12 塔吊安全装置分布示意图

(3)塔身高于30m的塔机,应在塔顶和臂架端部设置红色警示灯;夜间工作的塔吊应在正对工作面设置投光灯。

4.4 架桥机

4.4.1 安全要点

(1)架桥机的安装与拆除必须严格按照施工方案进行。

(2)架桥机拼装完成后须进行试吊,试吊可采用梁板,将梁板提起后,应仔细检查各主要部位的受力情况,经确认一切正常后方可进行作业。

(3)架桥机纵向运行轨道两侧规定高度要求对应水平,保持平稳。前、中、后支腿的各横向运行轨道应水平,并严格控制间距,三条轨道必须平行。

(4)架桥机天车在携带混凝土梁板行进时,前支腿部位须用手拉葫芦与横移轨道拉紧固定,提高稳定性。

(5)作业过程中必须有专人指挥,无论何时,当听到任何停止的信号时必须立即停止作业。

(6)作业过程中还须随时注意安全检查;每架设完一跨,必须对架桥机进行一次全面检查,严禁架桥机带病作业。

(7)架桥机前移过孔时,起重小车应位于对稳定最有利的位置,且抗倾覆安全系数不得小于1.5,配重不足时可利用梁板进行配重,过孔时必须一次到位,中途不得停顿;起吊天车提升与携梁行走不得同时进行,天车携梁时应平稳迁移。架桥机过孔时项目专职安全员应进行现场旁站。

4.4.2 安全设施

(1)架桥机必须设置有效的限位装置,在轨道有效行程范围内设置缓冲器及端部止挡,如图4-13所示。

图4-13 架桥机行程限位器及端部止挡

(2)盖梁上的架桥机前支腿宜采用枕木及型钢组合支撑,高度应根据桥梁横坡调整,保证钢轨的横坡小于0.5%,枕木搭设应不大于3层,宜采用"井"字形垫法,最上层枕木方向应垂直于横梁方向,相邻支撑枕木净距应不大于0.5m,如图4-14所示。

图4-14 垫木

(3)架桥机应设置安全监控系统,电机位置应设置防雨设施。

(4)架桥机在临近、穿越或跨越高压线时,应满足安全距离要求。

4.5 浮吊

4.5.1 安全要点

(1)施工作业前,应取得当地海事部门及其他相关单位的作业许可,办理水上作业许可证及其他相关手续,并遵守有关要求。

(2)浮吊作业前,应对钢丝绳、吊钩、螺栓、插销、链条等零件进行检查,发现问题及时整改,并保留检查记录,严禁设备带病作业。

(3)起吊前应进行试吊,发现吊机不平稳、不稳或者制动不良,应立即下放吊物重新调整;严禁超负荷起吊、偏吊、斜吊,如图4-15所示。

图4-15 浮吊实景图

(4)起吊前应检查抛锚定位锚索的松紧情况,避免出现船体走锚的重大事故隐患。
(5)起吊作业过程中必须有专人指挥,操作人员应持证上岗。
(6)当两台浮吊抬吊物件时,须制定吊装施工方案,设置专人指挥作业。

4.5.2 安全设施

(1)浮吊上应设置警示灯和其他警示标志,作业时显示水上作业号型、号灯以及信号旗。
(2)浮吊上应放置救生器材,现场所有作业人员须正确穿戴救生衣。

4.6 空压机

4.6.1 安全要点

(1)固定式空压机存放地点应通风良好,严禁日光暴晒和高温烘烤。
(2)在空压机储气罐15m范围内不得进行焊接和热加工作业。
(3)开始作业前,应检查安全气阀、压力表、储气罐、管道、用气设备及其他安全装置状况是否良好,严禁设备带病作业。
(4)空压机运行过程中,出气口附近不得站人或作业。
(5)空压机各项安全指示仪器须灵敏有效,应定期进行检查,并做好检查记录。

4.6.2 安全设施

(1)固定式空压机四周应设置围挡,并悬挂安全警示牌,如图4-16所示。
(2)现场必须设置消防砂池和灭火器,并明确消防责任人。

图4-16 空压机房

4.7 施工电梯

4.7.1 安全要点

(1)电梯应在每班作业使用前进行空载及满载试运行,将电梯笼升离地面1~2m后停车,检查各项制动装置的可靠性,确认正常后方可使用。

(2)电梯笼乘人载物时应使荷载均匀分布,每次承载人员不得超过额定人数且不得超过9人,禁止人货混装,严禁超载使用。

(3)电梯运行至最顶层或最底层时仍须操作按钮控制,严禁以行程限位开关自动碰撞的方法停车。

(4)每天作业完成后,作业人员须将电梯笼落至底层,将各控制开关拨回到零位,切断电源,开关箱上锁关门,锁好电梯笼门和防护门。

(5)施工电梯操作人员在每天上班前和换班前,应按照使用说明书以及相关检查表对电梯进行日常检查,发现问题及时停止使用,并做好维修保养记录。

(6)施工单位应每月不少于1次组织专业技术人员对施工电梯进行全面检查、维修保养,并保留检查记录。

(7)严禁在电梯运行过程中进行维修、保养作业。

(8)遇大雨、大雾、6级及以上大风天气,不得使用外用施工电梯,并将电梯笼降到底层,切断电源。暴风雨等恶劣天气过后,应对电梯各安全装置进行全面检查,确认一切安全有效后方可使用。

(9)严禁在电梯井架、支撑上设置缆绳、标语等。

4.7.2 安全设施

(1)电梯底笼周围2.5m范围内,必须设置稳固的防护栏杆,出入口处的通道应平整牢固,防护栏杆必须稳固牢靠。

(2)电梯周围5m范围内不得存放易燃易爆等其他物品,电梯间应放置消防设施;四周还应设置排水设施;电梯出入口须设置防护棚,如图4-17所示。

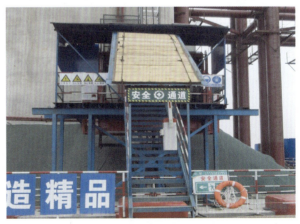

图4-17 施工电梯防护棚

(3)电梯防冲顶和防坠落装置应齐全、可靠,连墙件牢固。在安全通道顶部应采用钢板+五分板或铺沙等方式减缓坠物冲击。

5 一般设备及机具

5.1 一般规定

5.1.1 严禁使用国家明令禁止或已淘汰的、不合格的设备和机具。

5.1.2 焊接、热切割作业、起重作业等特种作业人员须按照有关规定经专业机构培训,并取得从业资格证。

5.1.3 机械设备上的各种安全防护、保险限位装置及各种安全信息装置必须齐全有效。

5.1.4 设备和机具宜进行编号管理,作业现场应悬挂安全操作规程牌。设备机具运转时禁止对其进行维修、保养等作业。

5.1.5 机具和设备的用电必须符合《施工现场临时用电安全技术规范》(JGJ 46)的规定。

5.2 电焊机

5.2.1 安全要点

(1)焊接作业现场周围10m范围内,严禁存放易燃、易爆物品。

(2)电焊机的一次侧电源线长度须不大于5m,二次侧焊接电缆线应采用防水绝缘胶护套铜芯软电缆,长度不宜大于30m,如图5-1所示,并且进出线处应设置防护罩,如图5-2所示。

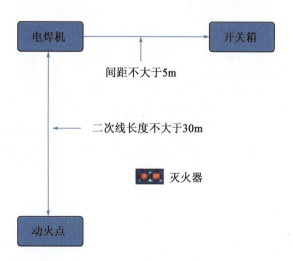

图5-1 安全作业示意图

图5-2 电焊机进出线防护罩

(3)电焊机导线和接地线均不得放置在有热源的物品上,严禁采用建(构)筑物的金属机构、管道、轨道或其他金属物体搭接形成焊接回路。电焊机外壳接地电阻应不大于4Ω。

(4)电焊钳握柄必须满足绝缘和隔热的要求,钳柄与导线之间的连线须牢固、可靠,并且包好绝缘布。

(5)高处焊接作业时,作业区下方应采取隔离或其他防火措施,并设置警戒区,按要求配备消防器材,并设置专人巡视。

(6)下雨天严禁室外焊接作业,潮湿区域作业时作业人员必须采取可靠的绝缘措施。

5.2.2 安全设施

(1)电焊机应放置在干燥、通风、无杂物的位置;施工现场露天使用的电焊机应设置防雨、防潮、防晒装置,单台电焊机宜使用专用小推车,多台电焊机可搭设防护棚,如图5-3所示。

(2)交流电焊机除应设置一次侧漏电保护器以外,还须安装二次侧空载降压触电保护器,如图5-4所示。

(3)电焊作业人员须配备护目镜、防护面罩、绝缘手套、绝缘鞋、焊接防护服等劳动防护用品。

图5-3 电焊机专用小推车

图5-4 二次侧空载降压触电保护器

5.3 氧气瓶、乙炔瓶

5.3.1 安全要点

(1)作业时氧气瓶与乙炔瓶必须分开放置,其安全距离不得小于5m,与明火作业点的安全距离不得小于10m,如图5-5所示。

(2)严禁作业人员穿戴油污手套对气瓶、阀门、焊具、胶管等进行碰触及操作。

(3)气瓶在运输转移过程中,严禁随地滚动、撞击气瓶;使用吊车或其他起重机械运送气瓶时,应使用吊架或合适的台架,不得使用吊钩、钢丝绳直接吊装。

(4)氧气瓶、乙炔瓶均不得放置在易受阳光暴晒、可能受到热源辐射以及电击的地方。

(5)当气瓶阀门冻住时,不得使用扳手或其他金属物品撬动阀门,必须使用40℃以下温水解冻。

(6)施工现场严禁使用煤气罐等其他气瓶代替乙炔瓶进行焊接与切割作业。

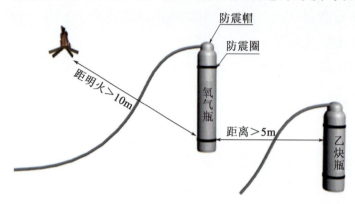

图 5-5 气瓶作业安全示意图

5.3.2 安全设施

(1)氧气瓶和乙炔瓶应设防震胶圈,高温季节有防爆防晒措施,乙炔瓶必须设置回火阀。

(2)氧气瓶和乙炔瓶在使用时必须设置专用小推车,小推车与水平面夹角应不小于30°,车上应设置安全警示标志以及消防器材,如图5-6所示。

(3)氧气乙炔气瓶须分开单独存放,设置专用储存间(图5-7),并保持良好通风,储存间的距离不得小于10m;储存点与易燃易爆物品的安全距离不得小于6m,或者采用不低于1.6m的不燃隔板隔离。

图 5-6 氧气瓶小推车

图 5-7 气瓶存放间

5.4 汽车吊

5.4.1 安全要点

(1)汽车吊的行驶道路和作业场地应坚实、平整,支腿与基坑、沟渠的安全距离应不小于1m。汽车吊禁止吊人，严禁超负荷起吊。

（2）超重构件单机起吊或双机抬吊时，在施工前须进行验算，编制专项吊装方案。

（3）双机抬吊宜选用同类型或性能相近的起重机，负载分配合理，单机荷载不得超过额定起重量的80%，两机应协调起吊和就位，起吊速度应平稳缓慢。

（4）同一施工地点两台以上起重机作业时，应保持两机之间任何接近部位（包括起重物）的安全距离不得小于2m。

（5）启动前，操作人员应检查安全防护装置及指示仪表是否齐全、完好、有效。

（6）作业前汽车吊的所有支腿必须全部伸出，支腿下方必须用枕木或钢板支垫平稳；应先将重物提升30cm进行试吊，检查各支腿有无下陷，如有异常，严禁起吊。

（7）汽车吊起吊时，起重吊臂下方严禁站人，吊物不得越过驾驶室。

（8）作业时突然发生故障，应立即停止作业，卸载吊物，进行检查和修理；严禁在作业过程中对运转部位进行调整、保养、检修等工作。

（9）起吊作业时，必须有专人指挥。整个操作期间，严禁司机离岗。

（10）汽车吊作业时与输电线最小的安全距离应符合本指南表2-2～表2-4的相关规定，汽车吊起重作业时还应满足2.6.1章节第（6）、（7）条起重作业相关规定。

（11）作业结束后，应将起重臂全部收回放好，收回支腿，并将吊钩挂牢。

（12）对安全保护装置应做定期检查、维护保养，起重机上配备的安全限位、保护装置应齐全、灵敏、可靠，严禁擅自调整、拆修。严禁操作缺少安全装置或安全装置失效的汽车吊，不得用限位开关等安全保护装置制动。

（13）6级及以上大风时严禁室外起吊作业。

5.4.2 安全设施

（1）吊钩应具有防脱钩装置。

（2）夜间进行起吊作业时，应设置照明。

（3）作业时四周应设置警戒区域（图5-8）。

图5-8 汽车吊支腿支垫及吊装区域警戒

(4)在汽车吊驾驶室应配备消防器材。

5.5 钢筋切断机

5.5.1 安全要点

(1)启动前,应确认切刀无裂纹、刀架螺栓紧固、防护罩牢靠,如图 5-9 所示。
(2)启动后,应先进行空转,检查各传动部位及轴承运转正常后,方可进行作业。
(3)切长料时,应设专人把扶;切短料时,手和切刀之间的距离应保持在 15cm 以上,如手握端小于 40cm 时,应使用套管或夹具将钢筋短头压住或夹牢。
(4)作业后,应切断电源,用钢刷清除切力间的杂物,进行整机清洁保养。

图 5-9　钢筋切断机

5.5.2 安全设施

(1)切断机传动装置应设置防护罩。
(2)操作人员须正确穿戴劳动防护用品作业。

5.6 钢筋调直机

5.6.1 安全要点

(1)钢筋调直机料架、料槽应安装平直,对准导向筒、调直筒和下切刀孔中心线。
(2)作业时,禁止非作业人员进入作业现场。
(3)钢筋调直到末端时,人员必须躲开,以防甩动伤人。在调直短于 2m 或直径大于 8mm 的钢筋时,应低速加工。
(4)在调直块未固定、防护罩未盖好前不得送料,作业中严禁打开各部防护罩及调整间隙。

（5）当钢筋送入料架后，手与凸轮必须保持一定距离，不得接近。

5.6.2 安全设施

应在导向管的前部安装一根长 1m 左右的钢管或钢护筒。被调直的钢筋应先穿过钢管或护筒，再穿入导向筒和调直筒，以防钢筋接近调直完毕时弹出伤人，如图 5-10 所示。

图 5-10　钢筋调直机实物图

5.7　钢筋弯曲机

5.7.1　安全要点

（1）机械应安装在坚实稳固的地面上，并保持水平。固定式机械应有稳固的基础；移动式机械作业时应制动行走轮，如图 5-11 所示。

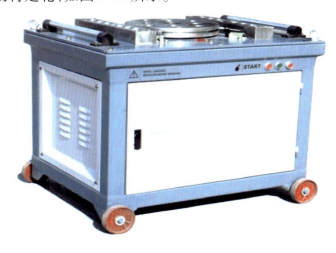

图 5-11　钢筋弯曲机实物图

（2）在弯曲钢筋的作业半径内和不设固定销的机身一侧严禁站人。弯曲好的半成品，应堆放整齐，且堆放高度不宜超过2m，弯钩不得朝上。

（3）对超过机械铭牌规定直径的钢筋严禁进行弯曲。作业后，应堆放好成品，清理场地，切断电源，锁好开关箱，做好润滑工作。

（4）改变工作盘旋转方向必须在停机后进行，即按照正转—停—反转，不得直接正转—反转或反转—正转。

5.7.2 安全设施

（1）在弯曲未经冷拉或带有锈皮的钢筋时，应佩戴防护镜。
（2）作业人员须正确佩戴防护手套及其他劳动防护用品。

5.8 预应力张拉设备

5.8.1 安全要点

（1）张拉作业前必须检查张拉设备、工具（如千斤顶、油泵、压力表、油管、顶轴器及液控顶压阀等）是否符合施工及安全要求，检查合格后方可进行张拉作业。张拉锚具应与机具配套使用，锚具进场时，应分批进行外观检查，不得有裂纹、伤痕、锈蚀，合格后方能使用；千斤顶与压力表应由有资质的单位进行配套校验；使用的螺栓、螺母、铁楔，不得有滑丝或裂纹。

（2）张拉机具应由专人使用和管理，并应经常维护，定期校验。

（3）张拉时发现油泵、液压千斤顶、锚具等有异常情况时应停止张拉，查明原因并排除异常后方可继续作业。

（4）张拉作业时，安全阀应调至规定值，严禁任意调整；梁两端的正面不准站人，操作人员应站在预应力钢绞线的侧面。

（5）高压油泵停止作业时，应先断开电源，再将回油阀缓慢松开，待压力表退回至零位时，方可卸开通往千顶的油管接头，使千斤顶全部卸荷。

（6）作业现场应积极推广智能张拉及智能压浆成套设备的使用。

5.8.2 安全设施

（1）预应力张拉作业时须设置警戒区域，放置安全警示标牌。
（2）后张法张拉两端须设置移动式张拉挡板，挡板内侧宜设置厚度为18mm的木板，外侧宜设置厚度为5mm的钢板，张拉挡板高度和宽度应大于预应力钢绞线位置50cm，具体尺寸根据不同类型梁板预应力张拉束位置适当调整，如图5-12所示。

5 一般设备及机具

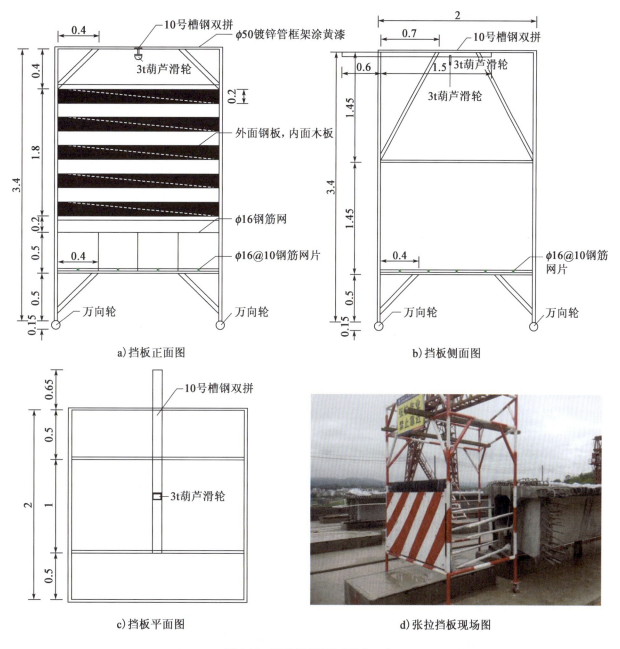

图 5-12　张拉挡板(尺寸单位:m)

5.9　小型拌和设备

5.9.1　安全要点

(1)搅拌机安装就位的基础必须坚实,支架或支脚筒架应稳固,不准以轮胎代替支撑。

(2)作业前应检查搅拌机的转动情况是否良好,安全装置、防护装置等是否牢固可靠,操作灵活。

(3)搅拌机运转中严禁进行维修、保养作业以及用其他工具伸进搅拌机筒内或在筒口清理灰浆。

(4)搅拌机作业中,当料斗升起时,严禁任何人在料斗下停留或通过;当需要在料斗下检修或清理料坑时,应将料斗提升后用铁链固定或插入插销锁住料斗。

(5)操作中如发生故障不能运转时,应先切断电源,将筒内灰浆倒出,进行检修、排除故障。

5.9.2 安全设施

(1)搅拌机发生故障或者需要清理时,必须拉闸断电、锁好电箱并悬挂"机械维修,严禁合闸"的安全警示标牌,并有专人监护。

(2)拌和设备四周应设置警戒及警示标牌。

5.10 混凝土输送泵

5.10.1 安全要点

(1)泵送混凝土输送管道应布设平顺,管道和输送泵应安装牢靠稳固,接头和卡箍应密封、稳固,不得在管道上加压或悬挂重物。管道应设置独立的支撑设施,不能借助爬梯、脚手架、塔吊等固定。

(2)作业前,应检查电气设备是否完好、各种仪表是否正常、传动安全保护装置和料斗滤网及安全保护装置是否齐全可靠。各部位操作开关、按钮、手柄等均应在正确位置。

(3)因故障停机时,应打开泄浆阀使压力下降,然后排除故障。混凝土泵压力未降到零时,不得拆卸空气室、压力安全阀和管道,更不得把手伸入阀体进行操作。

(4)混凝土汽车泵在作业过程中,必要时(如作业环境不通视等情况下)须有专人指挥。

(5)启动高压泵时,操作人员应在确认泵口没有对准人员后方可启动作业。

(6)清理管道时应设置警戒区,管道出口端前方10m内不得站人,如图5-13所示。

图 5-13 混凝土泵车

5.10.2 安全设施

(1)混凝土浇筑人员必须佩戴安全帽、护目镜,穿绝缘鞋、胶鞋等劳动防护用品。
(2)夜间工作须有足够的照明。
(3)作业区域应设置明显的警示标志和必要的围挡、防护措施,严禁无关人员进入。
(4)汽车泵支腿处的地面应稳固、满足承载要求,支腿须全部伸出打开,并设置枕木或钢板进行支垫。
(5)高温条件下或长时间持续作业,地泵泵管应采取覆盖湿土工布、麻袋等措施进行降温。

5.11 混凝土振捣器

5.11.1 安全要点

(1)使用前应检查振捣器各部连接是否牢固、旋转方向是否正确,如图 5-14 所示。
(2)混凝土振捣器应保持清洁,不得有混凝土黏结在电动机外壳上妨碍散热。
(3)作业转移时电动机的导线应保持适宜的长度和松度,并防止电源线与钢筋、模板缠绕。严禁用电源线、软管拖拉或吊挂振捣器。
(4)不得在初凝的混凝土、地板、脚手架和干硬的地面上进行混凝土振捣器的试振。
(5)作业后必须做好混凝土振捣器的清洁、保养工作,并将其存放在干燥处。

5.11.2 安全设施

操作人员必须穿戴绝缘胶鞋和绝缘橡胶手套,如图 5-15 所示。

图 5-14　混凝土振捣器

图 5-15　振捣作业人员

5.12 切缝机

5.12.1 安全要点

（1）作业前应进行检查。刀片必须符合安全要求，刀片与刀架连接必须牢固可靠。

（2）进行切缝作业时，必须前进单向切缝。使用中发现异常状况时，应立即停机。

（3）除专业维修人员外，禁止他人打开和调整电源控制箱，禁止操作工任意拆卸机器部件，禁止设备带病运行。

（4）严禁无冷却水时进行切缝作业。

5.12.2 安全设施

（1）混凝土切缝机操作人员必须戴绝缘手套，穿绝缘鞋。切缝机及电缆必须绝缘良好。作业后必须切断电源，盘好导线。

（2）刀片安全防护罩应齐全有效，如图5-16所示。

图5-16 水泥地面切缝机

5.13 潜孔钻

5.13.1 安全要点

（1）清孔作业时，工作人员应远离孔口，防止高压气体带出的碎粒伤人。

（2）潜孔钻（图5-17）进行钻孔作业时，停机面应平坦，当在倾斜地面上作业时，履带板下方应用楔形块塞紧。

（3）边坡锚杆作业时，必须设置作业平台，并且固定牢靠后方可作业。

（4）开钻前必须认真检查各部传动系统（如滑架、拉筋、回转、升降卷扬、除尘、轴承）以及各部螺丝是否松动、完好，严禁设备带病作业。

（5）在钻进操作过程中，钻架支腿范围之内不准站人，以防支腿旋转伤人。

（6）作业时，应充分给足水量，减少粉尘飞扬，粉尘较大时宜进行喷雾降尘。

图 5-17　潜孔钻实物图

5.13.2　安全设施

作业人员在过程中必须佩戴防尘口罩、护目镜等劳动防护用品。

5.14　卷扬机

5.14.1　安全要点

（1）卷扬机（图 5-18）的安装地基应平整、坚实，与基础的连接须牢固可靠。
（2）卷扬机应定期检查各项线路及制动装置，做好维修保养工作。
（3）作业前应检查钢丝绳、离合器、制动器、传动滑轮等，发现故障应立即排除。
（4）通过滑轮的钢丝绳不得有接头、结节和扭绕。
（5）卷扬机卷筒上的钢丝绳应排列整齐，不得在转动中用手拉或脚踩钢丝绳。作业中，不得跨越卷扬机钢丝绳。卷筒剩余钢丝绳不得少于 3 圈。
（6）卷扬机不得超载使用，不得用于运送人员，作业人员也不得乘坐被吊物体。

图 5-18　卷扬机实物图

(7)卷扬机作业时,操作人员不得离开操作岗位。

(8)卷扬机使用的钢丝绳应符合《一般用途钢丝绳》(GB/T20118)的相关规定,钢丝绳安全系数K_n(钢丝绳最小破断拉力与卷扬机额定荷载的比值)不得小于表5-1中的值。

钢丝绳安全系数 K_n　　　　表5-1

工作级别	M1	M2	M3	M4	M5	M6	M7	M8
安全系数 K_n	3.15	3.35	3.55	4.0	4.5	5.6	7.1	9.0

5.14.2　安全设施

(1)卷扬机的后锚应牢固可靠,钢丝轴上方宜设安全防护装置,防止钢丝飞出伤人。

(2)卷扬机上方应设置防雨棚(顶棚)等防雨设施,并保证视野开阔。

(3)卷扬机作业时,若钢丝绳离地面过近,宜设置承托滚轮,防止钢丝绳拖地。

6 专用设备、设施

6.1 一般规定

6.1.1 爬模、翻模、移动模架、挂篮、满堂支架、贝雷架及钢管柱支架等工程应编制专项施工方案(含拆除方案),并附有受力计算书、主要节点构造详图等。专项施工方案必须经施工企业技术负责人签认,并按规定论证、审批方可实施。

6.1.2 爬模、翻模、移动模架、挂篮等专用设备进场前,应由施工单位组织设备物资等部门技术人员对资料进行查验(包括厂家生产资质、产品合格证,以及设计图、方案说明及结构受力计算书等设计文件)。

6.1.3 爬模、翻模、移动模架、挂篮等专用设备的操作人员必须接受制造厂家组织的培训,并取得培训合格证书;起重信号司索工、起重机械司机、起重机械安装拆卸工、高处作业吊篮安装拆卸工、电梯司机等特种作业人员应持证上岗。

6.1.4 开工前,必须对各级施工人员进行技术、安全交底并留有记录。

6.1.5 小型管件及配件进场时应按比例抽检,并由监理工程师见证取样送有资质的试验室检验,贝雷片、钢管柱应按照相应规定进行验收。

6.1.6 支架周边应设置排水设施,支架经雨水浸泡后应重新对支架及基础进行检查。支架预压完后应及时进行混凝土浇筑,超过1个月未进行混凝土浇筑的应对支架重新进行检查,超过3个月的应重新进行预压。

6.1.7 爬模、翻模、移动模架及挂篮的现场安装、爬升、移动过程中须有施工技术人员和安全管理员现场指导,统一指挥。

6.1.8 当遇大雨、大雾或6级及以上风力等恶劣天气时,应停止露天高处作业和高空吊运作业;爬模、翻模、移动模架及挂篮的安装、爬升和移动不得在夜间进行。

6.1.9 凡患有高血压、心脏病、惧高症等不适合高处作业的人员不得参加爬模、翻模、移动模架、挂篮等专用设备的作业。

6.1.10 施工作业平台、通道、上落梯须保证作业和通行空间,四周挂设防护网,立面防护网采用过塑钢丝网,并安装牢固、保持完好;平台板须满铺并固定,平台板和踏步须有防滑措施;爬模、翻模、移动模架、挂篮等防护栏杆高度应为1.5m。

6.1.11 爬模、翻模、移动模架、支架及挂篮等专用设备、设施的拆除应按拆除方案进行,根据不同设备和拆除作业要求确定危险区域和范围,并设置警戒及专人值守。

6.1.12 专用设备、设施在搭设、拆除、预压时,地面应设围栏和警戒标志,并派专人看守,非操作人员不得进入警戒区域;安装完毕后,应组织检查验收,合格后方可进入下一道工序。

6.1.13 支模过程中如遇中途停歇,应将已就位模板或支架连接稳固,不得浮搁或悬空。

6.1.14 临时用电、吊装作业应符合本指南第2和第4章节相关要求。

6.2 爬模

6.2.1 安全要点

(1)液压爬模系统包括预埋件总成、爬升轨道、液压爬升系统、爬架平台、墩身模板,安装过程安全检查要点见表6-1。

液压爬模安装安全检查要求 表6-1

检查项目	检查内容	基本要求
预埋件总成	埋件板、高强螺杆(带爬锥)、受力螺栓及埋件支座	埋件板、高强螺杆、受力螺栓的规格、材质须检验合格,安装位置、锚固符合设计要求;爬锥预埋在混凝土中的组件严禁采用焊接定位的方式
安装过程安全检查	结构要求	结构混凝土强度达到设计要求
	导轨	安装前先预拼装,导轨安装须符合设计要求,导轨长度满足爬升要求
	液压爬升系统	液压泵符合设计要求;上下棘爪安全可靠;上辄和下辄安装符合设计要求
	模板系统	模板横背楞、竖背楞及后移装置安装符合设计要求;各连接螺栓及调节装置齐全并紧固
	平台与周边防护	架体平台的脚手板须满铺、固定,并有防滑措施;每层楼梯口、上落梯安全可靠;周围栏杆牢固,高度符合要求;周边安全网防护符合安全要求

(2)安装完成后施工单位应组织验收,验收通过,各方签认后方可投入使用。

(3)在每次爬升前须明确专人对爬升系统的安全条件进行仔细检查,确认安全后方可进行爬升,爬升前安全检查要点见表6-2。

爬模爬升前安全检查要求 表6-2

检查项目	检查内容	基本要求
爬升前安全检查	结构混凝土强度	爬升前,混凝土强度须达到爬升规定的设计强度
	天气状况	天气状况正常(风力小于6级、无大雾、无雷雨等)
	人员配置	派专人指挥、专人操作,指挥、通信信息须清晰、统一、规范
	安全警示、警戒	爬升作业前施工作业区设置警示、警戒,并有专人值守,在影响范围进行护栏围蔽,避免爬升过程中高空坠物伤人
	附墙装置	附墙受力螺栓应拧紧,同一导轨附墙挂座应挂牢固且在同一条线上;承重插销与安全销应完好、插好

续上表

检查项目	检查内容	基 本 要 求
爬升前安全检查	导轨	导轨长度满足爬升高度要求,无变形(扭曲、轨道面凸凹不平、轨道锈蚀、脱焊),承重舌完好
	操作架体及平台	承重三脚架无变形(立杆扭曲、脱焊、横梁凸陷),连接牢固(横拉、斜拉钢管扣紧),各插销须完好、插好
		操作平台面板及必要的堆放物件须牢固,平台铺装应密铺,各层间的上落梯及周边护栏安装稳固,安全网完好,各层平台设限载标示,物品堆放规范
	模板	模板上施工荷载符合要求,堆放均匀,爬升前方的障碍物清理彻底
	液压爬升系统	各液压油缸工作正常;爬升系统同步阀、胶管完好。配电装置符合安全用电管理规定

(4)在爬升过程中须明确专人检查,发现异常立即停止作业或撤离作业人员,安全检查要点见表6-3。

爬模爬升过程安全检查要求 表6-3

检查项目	检查内容	基 本 要 求
爬升过程安全检查	导轨爬升	导轨表面已涂上润滑油,爬升过程顺利,无异响
		液压油缸上、下顶升弹簧装置方向一致向上
		顶升到位后确保插销锁定装置到位,导轨顶部楔形插销与悬挂件安全接触
		导轨爬升完成后,确认油缸进油阀门和控制柜已关闭、电源已切断
	爬架爬升	所有锚固应完全解除,提升路径上不得有障碍物
		同步提升,控制各榀爬架的爬升高差(不超过3cm),基本上保证爬升同步和保证平台的平衡稳定,发现异常应查明原因
		应分段同步爬升,每30cm设置检查标记一道
		液压系统正常,爬升过程顺利,无异响
		顶升到位后,应及时插上悬挂插销及安全插销;确认油缸进油阀门、控制柜已关闭,电源已切断

(5)爬升定位后,应主要对锚固系统、作业平台和模板的安全性能进行检查,要求各插销已锁定和锚固到位,平台铺装、上落梯和周边护栏连接牢固并完全封闭,安全网完好(图6-1),检查验收后方可进行下一步施工。

(6)拆除作业须按拆除方案进行,主要进行以下方面安全检查:
①确定模板与墩身的连接锚固已解除。
②平台上的物品已移开,铺装板上的垃圾及混凝土渣等已清理干净。
③拆除顺序符合方案要求。

图 6-1　爬模承重部位和导轨检查

6.2.2　安全设施

（1）参加高处作业的施工人员进入施工现场必须戴安全帽，进行高空及悬挂作业时应系好安全带、穿防滑靴。

（2）应在墩(塔)身四周搭设脚手架作为人员上下通道及施工作业平台，并满足安全作业的要求。爬模施工平台的脚手板须满铺，不得留有空隙，避免落物，如图 6-2 所示；爬模施工平台的四周须安装安全防护网，人行通道用过塑钢丝网围蔽，见图 6-3。

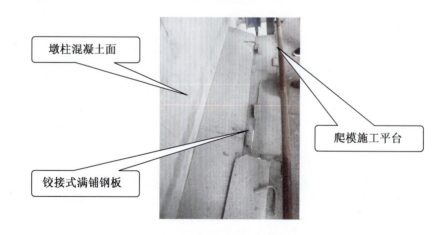

图 6-2　爬模施工平台的满铺

（3）爬模施工平台上的零散物品应放入收纳箱内，并做好固定防风措施，防止高空坠物，如图 6-4 所示。

（4）爬模拆除时，爬模下端四周应设有警戒区域。

（5）在爬模每层对角位置处应各布置 2 个（共 4 个/层）4kg 干粉灭火器，上下层的放置位置应交错。

6 专用设备、设施

图 6-3 爬模安全防护

图 6-4 爬模平台收纳箱

6.3 翻模

6.3.1 安全要点

(1)翻模施工前应对施工方案、作业人员资质、设备检测、试拼情况,以及施工作业平台、通道等进行检查,确认符合要求方可进行施工。安全检查要点见表 6-4。

翻模施工前安全检查要求　　　　表 6-4

检查项目	检查内容	基本要求
施工前安全检查	专项施工方案(含翻模设计)	方案及设计文件齐全(包括翻模设计图、方案说明及结构受力计算书),经施工企业技术负责人审查签认和总监办审查通过
	施工作业人员要求	施工作业人员身体条件符合要求;培训、交底到位,熟悉操作规程,各项防护设施齐全
	翻模系统及其设备检测	机具设备等具备生产厂家相关检验合格证书,试拼符合方案要求;结构混凝土强度达到翻模安装要求的设计强度
	施工作业平台及通道	作业空间符合施工和通行要求,稳定,与结构预埋件连接牢固,平台板满铺并固定,有防滑措施,安全防护栏杆及安全防护网符合要求
	通信联络	专人指挥(固定)、专人操作(固定),通信信息清晰、统一、规范
	警示、警戒	施工作业区已设置警戒、警示,提示标牌齐全,并有专人值守

(2)施工过程中应主要检查各项安全防护措施是否落实,操作是否符合规程要求,具体见表 6-5 的要求。

(3)翻模的拆除须按拆除方案进行,拆除前须做好交底,严格遵守操作规程,各项安全警示、防护措施落实到位,拆除安全检查要点见表 6-6。

翻模施工过程安全检查要求 表6-5

检查项目	检查内容	基 本 要 求
施工过程安全检查	模板拆除	拆除前检查上节模板的锚固情况,螺杆无变形、松动
		拆除时须用手拉葫芦将各分块模板临时吊挂在上一节未拆除的模板稳定挂点上,逐块拆除提升安装就位
	模板安装	安装前,墩身钢筋须安装完毕
		模板固定前须用手拉葫芦吊挂固定在已安装的钢筋外侧,并临时固定,连接螺栓和对拉杆安装牢固;连接螺栓应安装满所有螺栓孔,螺母端应交替布置
	作业平台	各分节模板安装固定后,各层的工作平台须重新连接,确保稳固,上落梯及临边防护、安全网等同步安装到位
	交叉作业	尽量避免交叉作业,无法避免时,须做到防护措施到位,经现场安全、技术人员检查同意,并对各层作业人员交底
	其他	平台需设限载标示,实际荷载不得超过设计值,堆积物不得集中堆放,并采取防风固定措施,及时清理,尽量减小平台荷载。已承受荷载的支架和附件,不得随意拆除或移动

翻模拆除安全检查要求 表6-6

检查项目	检查内容	基 本 要 求
翻模拆除安全检查	翻模拆除前的安全检查	天气状况正常(风力小于6级、无大雾、无雷雨、光线充足等)
		施工作业区警戒、警示、提示标牌设置齐全,并有专人值守
		模板与墩身的连接锚固已解除
		平台上的物品应移开,垃圾及混凝土渣等应清理干净
	翻模拆除安全检查	平台联系已解除,支架平台稳固
		模板应分节段、分块进行拆除
		模板连接拆除前,应先采用手拉葫芦将模板上端锚挂在墩顶的钢筋上
		操作人员安全防护措施到位
		已拆除的模板、拉杆、支撑等及时运走或妥善堆放
		先拆模板拆除后,应将已活动的模板、拉杆、支撑等临时固定牢固

6.3.2 安全设施

(1)模板应按设计和施工说明要求的顺序拼装,模板及其支架必须采取临时固定措施防止倾覆。

(2)模板拆装区域周围,必须设置警戒、警示,提示标牌齐全,并有专人值守。

(3)组装模板时应及时用螺栓将相邻模板连接固定好,防止模板倾倒伤人。

(4)大型模板必须有操作平台、上下梯道、走桥和防护栏杆等作业空间和防护设施,如有损坏应及时修复,见图6-5。

6 专用设备、设施

图 6-5　翻模施工安全防护

（5）电器设备必须做好接地保护,电线接头必须做好绝缘保护,与支架及构件接触处须穿管保护。

6.4　移动模架

6.4.1　安全要点

（1）移动模架拼装应由具有专业资质的单位承担。
（2）移动模架试拼、安装后,应进行静载试验,验收合格后方可投入使用。
（3）移动模架试拼、安装时,应按表6-7的要求进行安全检查。

移动模架试拼、安装安全检查要求　　　　　　表 6-7

检查项目	检查内容	基 本 要 求
受力构件检查	螺栓、吊杆、吊带等	检查各构件材质、规格是否符合设计方案的要求
试拼、安装安全检查	牛腿	牛腿下部对拉杆及上部高强连接螺栓连接良好
		两侧牛腿支腿中心线与墩身法线重合,顶面横梁平整、洁净
	推进小车	滑轨高程正确;纵、横移推动架无变形,销孔完好
		小车与牛腿的连接滑板螺丝完好,连接板相关部位无变形
		主液压缸螺母锁紧,小车滑板处的外侧限位导向块焊缝完好
		小车滑板紧固螺栓无外露、松动或缺失
	主梁	各主梁接头均使用高强度螺栓,保证连接板与被连接板密贴
		主梁对应支点处腹板焊缝完好、无弯曲脱漆现象
		主梁内部的横梁支撑螺旋顶无滑丝损坏,固定螺栓拧紧
		主梁下腹板通长范围内无弯曲脱漆现象
	导梁	导梁接头处的高强螺栓抽检无松动、滑丝或缺失
		导梁与主梁间的销孔和连接板无变形脱漆现象
		主梁与鼻梁是否锁紧;导梁与主梁对接水平

续上表

检查项目	检查内容	基 本 要 求
试拼、安装安全检查	横梁	横梁与主梁及横梁间高强螺栓连接良好;对应的支撑螺旋顶处焊缝完好、无弯曲脱漆现象
	外模板	外模板支撑框架的销孔和连接板无变形脱漆现象
		调节螺旋杆无弯曲变形,销轴完好,并安装好固定开口销子
		模板间的连接螺栓无松动、滑丝或缺失
	悬挂	吊带顺直,张紧程度要求一致,禁止受横向剪切力作用,上下两端的垫板、螺母要求上好,两端伸出的长度要求足够长,保护套管两端要求密封
		吊挂工字钢走道连接用的U形栓必须按设计要求用弹簧垫圈、双螺母防松
		走道在纵向与横向均应顺直,小车通过时无卡滞现象
		悬挂位置的高强螺栓抽检无松动、滑丝或缺失
		液压缸对应的支点处腹板焊缝完好、无弯曲脱漆现象
	液压电气	检查液压系统,液压管、阀等无泄漏,油位正常
		纵横向顶推系统运转正常,空载启动无异响
		电器线路应进行保护,接头无裸露、松动、浸水现象
	施工平台	设计的梯子、栏杆、平台必须按设计要求安装,作业平台、楼梯、过道空间满足要求;栏杆设置牢固,高度符合要求,安全网牢固等
静载试验	加载程序、过程检查、参数分析	静载试验须按批复的方案实施,逐级加载,不得欠载或超载;加载和预压过程明确专人检查、观测,发现异常立即停止;对观测参数进行分析,出现异常应分析原因进行处理
其他		在主框架没有完全形成之前,如果出现台风等恶劣天气,需要采用特殊措施确保模架的安全

(4)在混凝土浇筑前,应对移动模架各部件及安全措施进行全面检查,确认符合要求方可浇筑,浇筑前及浇筑过程应按照表6-8的要求进行检查。

移动模架混凝土施工安全检查要求　　表6-8

检查项目	检 查 内 容	基 本 要 求
浇筑前安全检查	施工平台、上下梯、过道及安全网	施工平台、上下梯、过道、栏杆及安全网应牢固可靠
	液压系统	液压管、阀等无泄漏,油位正常
	主千斤顶及横向千斤顶	主千斤顶应安装机械锁,横向千斤顶应缩回
	主梁间及主梁与横梁等连接部位	主梁节块间螺栓及横梁与主梁间螺栓应上紧
	高强钢筋	各高强钢筋应上紧就位
	支撑托架	支撑托架应正确固定在墩柱上
	临时用电	临电线路完好,电箱设置符合要求

续上表

检查项目	检查内容	基本要求
浇筑过程安全检查	专人值守,模板及模架变形检查观测	浇筑过程应有专人指挥,有管理人员值班;连续浇筑时间较长的必须轮班,禁止疲劳作业;浇筑过程中模板变形应在设计允许范围内;检查内模撑杆的销轴无松脱或脱落;注意观察混凝土梁渐变段的两个框架是否沿斜面滑动,必要时要采取临时加固措施

(5)移动模架过孔前及过孔时应按照表6-9的要求进行安全检查。

移动模架过孔安全检查要求　　　　表6-9

检查项目	检查内容	基本要求
过孔前的安全条件检查	人员配置	人员配置及班前教育交底到位,专人指挥,施工单位主要领导现场值守
	气象情况	过孔前应根据当地的天气预报情况选择合适的过孔时间,避免在过孔时出现大风或暴雨等不利天气
	模架结构检查	按照安装后验收要求,检查主要构件(包括托架、主梁、导梁、横梁、悬挂、模板等)有无异常
过孔前的安全条件检查	液压电气检查	液压管、阀等无泄漏,主千斤顶的机械锁应拧紧
		纵移、横移油缸已缩回,缩回后应用销轴锁定顶推机构
		临电设施使用正常,确保电线长度足够
	场地清理	工作平台及过道施工机具、材料应全部移走
	推进小车	小车滑动面与牛腿顶面应清理干净,润滑充分;主液压缸螺母锁紧;小车滑板处的外侧限位导向块焊缝完好
	模板	支撑托架与主梁连接楼梯部位应拆除,内外模板与结构应彻底脱离,地震防护应拆除
横移过孔过程安全检查	传动部位	横移油缸应同步打开,两侧油缸的同步偏差不大于横移油缸的一个行程
		前辅助支腿位于垫石侧面的顶紧丝杠应顶紧
		启动行走一定距离(约30cm)应停机检查主梁、导梁,确定无异常后方可继续过孔
		过孔中注意观察前支腿从动轮与导梁轨道之间有无卡滞、脱轨的可能
		过孔快结束时,最后1m应按点动按钮前进,并且在钢轨上设置木楔子或铁鞋或其他安全限位装置,有专人看守,坚决防止纵移越位

(6)移动模架拆除前须掌握天气情况,避免拆除过程中出现大风、暴雨等不利天气;模架拆除须严格按照拆除方案进行,拆除过程须有专人指挥,并设置安全警示区域,进行警戒。

(7)其他方面:

①平台设置应使操作人员能抵达每一施工区域,包括液压操作区域,并有足够的操作空间。不同构件上的平台应进行受力验算,充分考虑各工况下的不利因素和承载力要求,

与各构件同时安装。

②移动模架托架安(拆)、底模横梁联(拆)承重销等高空临边作业人员必须系扣安全带。

③移动模架的吊装须符合吊装作业的规定。

④移动模架上的施工临时用电应符合临时用电规定,输电线路与模架长时间接触部位须穿管保护。

⑤托架及模架施工中,其下方禁止人员通行;操作平台上,3人以上人员不得聚集一处,严禁向下乱抛掷钢筋、螺丝、工具等,下班时应清扫和整理好料具。模架横移、前移过程中除模架操作人员,禁止其他人员逗留站立在模架上。

⑥施工材料等不得堆放在移动模架两侧翼缘板通道上,应保持通道畅通。

6.4.2 安全设施

(1)在移动模架的适当位置应设置各类安全警示标牌,但标牌不得影响通行和作业。

(2)移动模架在使用前应设置临边防护设施,平台、过道四周要有防护栏杆和安全网,平台、过道板铺设应牢固,不得留有空隙。

(3)进入海上等有通航要求的区域施工的移动模架应增设航标警示标志(按海事、航道管理部门要求执行)。

(4)施工期间应根据实际情况在模架底部两侧设置警戒区域。

(5)跨路施工如无法改道,须采取防漏、防抛等措施,并满足本指南第9章节要求。

6.5 挂篮

6.5.1 安全要点

(1)挂篮制作加工完成后应进行试拼装,现场安装完成后须做静载试验,验收合格方可使用。挂篮验收应按表6-10的要求执行。

挂篮验收安全检查要求　　　　表6-10

检查项目	检查内容	基本要求
受力构件检测及静载试验	关键受力构件	材料、焊缝要做超声波探伤
	关键受力螺栓、角座、吊带	进行受力试验
	主桁架	整体对拉试验
	静载试验	各项受力和变形指标符合设计方案要求
行走系统	前支点	前支点处钢枕支垫密实、平整
	枕木间距及支垫	枕木间距符合要求、采用井字形垫法,轨道与枕木支垫要密实
	轨道安装	轨道中心线与设计位置相符,轨道水平、在同一高程线,锚固符合设计要求,轨道前端需安装限位卡

续上表

检查项目	检查内容	基本要求
承重系统	主桁	主桁与轨道中心线对中
	后锚、连接销	后锚锚固数量足够、位置准确、连接器标记正确,各连接销打紧、上好保险销
	上横梁、扁担梁	前后上横梁安全通道、施工平台满足方案要求,后锚扁担梁规格符合设计
	吊带	吊带无变形、损伤现象,吊带连接板无张开等现象
底篮系统	底板平台	底板平台满足施工安全防护要求
	安全过道	底篮安全过道、安全护栏满足安全防护要求
底篮系统	底篮与纵梁连接销	底篮与纵梁连接销打紧、穿保险销
	滚轮箱滑动梁	滚轮箱滑动梁安装限位卡
模板系统	内外模板	外模、内模无变形现象
	对拉螺杆	对拉螺杆按照设计要求间距布置,规格符合设计
	反力梁	外侧模下方的反力梁规格尺寸应符合要求,有加肋
	承重梁与吊带连接	翼板承重梁与吊带连接牢固

(2)挂篮行走应以千斤顶或者倒链做动力,严禁使用卷扬机钢丝绳牵引。

(3)同一"T"构两套挂篮推进应严格同步,以确保结构安全。

(4)挂篮后锚系统所用的精轧螺纹钢,安装时须竖直受力,不得倾斜产生弯折;精轧螺纹钢用连接器连接时,接长端应用油漆画出1/2连接器长度,确保两根精轧螺纹钢的端头在连接器内的长度一致。

(5)每套挂篮都应配备消防器材,以防电焊作业引燃防雨、防晒篷布和安全网等。电焊作业时,焊把线与焊接地线必须同步引至施焊部位。

(6)严禁使用精轧螺纹钢作为悬挂吊带,应使用钢板吊带。

(7)挂篮应设置防雷接地导线,防止雷击事故发生。

(8)移篮过程中施工技术人员、安全管理员应现场监护,并按表6-11的要求进行检查。

挂篮移篮安全检查要求　　　　　　　　　　　　　　表6-11

检查项目	检查内容	基 本 应 求
移篮前安全检查	人员撤离	除操作人员外,其他无关人员须撤离作业区,特别是底篮上不得站人
	干扰物撤移	挂篮各部位不得有拉紧的电缆线,不得有杂物阻挡,翼板横隔梁不得挡住挂篮前移
移篮前安全检查	脱模情况	底篮、侧模与混凝土面应完全脱离
	轨道及枕木	轨道与枕木间应支垫密实,轨道上表面应保持平顺、润滑,轨道前端限位装置有效,轨道应在同一水平位置,轨道中心线与方案位置相符
	保险装置	保险绳应预紧,应做好移篮前各种机具检查
	油压箱及滚轮箱	液压油缸有效运转,滚轮箱应做到紧贴已浇梁段

续上表

检查项目	检查内容	基 本 应 求
移篮过程安全检查	指挥配合	有专人统一指挥协调
	同步性	移篮时支腿应同步行走
	移篮速度	移篮速度控制在 0.1m/min 以内
	移篮稳定性	移篮过程中挂篮应保持稳定
	其他	如遇异常情况(大风、失稳等),立即停止作业,撤离人员

6.5.2 安全设施

(1)所有悬挂吊带、斜拉吊带均不得采用精轧螺纹钢,所有后锚杆要求全部配置锚垫板,并套双螺母保险。

(2)挂篮的支承平台应有足够的平面尺寸,能满足梁段现场施工作业的需要,临边应设安全防护网,做到上、下施工范围全封闭,如图 6-6 所示。

(3)挂篮模板的制作与安装应准确、牢固,后吊杆和下限位拉杆孔道应按设计尺寸、位置预留。

(4)挂篮跨线施工时,应采取防落物措施,如底篮及侧面全封闭或设安全防护棚。

图 6-6　挂篮施工图

6.6　满堂支架

6.6.1　安全要点

(1)满堂支架应优先选用碗扣式、盘扣式、扣件式钢管支架等定型产品,不得使用门式支架搭设,如图 6-7 所示。

(2)支架基础施工前,应根据现场实际情况采取针对性的措施处理地基,特别注意对软基地段的地基处理,地基处理后经检测承载力符合方案要求后可进行混凝土基础施工。

(3)支架基础宜采用厚度不少于10cm的C20混凝土,并高于周边地表20~30cm,基础四周须设置排水沟,并保证排水畅通,如图6-8所示。基础经检验合格后进行支架搭建。立杆下应设置厚度不小于5cm的垫板,基础宽度须伸出翼板边缘外侧不小于50cm,如图6-9所示。

图6-7 塔式支架

图6-8 支架周围排水沟

(4)支架经验收合格后,严格按照批准的专项施工方案确定的分级加载程序、荷载分布和加载量进行预压,最终荷载宜为支架需承受全部荷载的1.05~1.10倍(图6-10)。预压加载宜采用混凝土预制块,使用砂(土)袋预压时应采取防雨措施。预压前、预压过程中和卸载后,应严格按照专项施工方案要求的观测断面、观测点、观测频率进行观测。发现明显危险征兆时,应及时撤离现场人员。其他要求应参照《钢管满堂支架预压技术规程》(JGJ/T 194)相关规定。

图6-9 支架基础和垫板

图6-10 支架预压

(5)可调底座及可调托撑丝杆与调节螺母的啮合长度不得少于6扣,插入立杆内的长度≥150mm,托撑伸出长度宜≤300mm。底座和托撑应密贴地面或楞梁,不得悬空或托空。

(6)应根据所承受的荷载组合计算确定立杆间距和步距,且扣件式支架立杆间距应≤1.5m,碗扣式支架立杆间距应≤1.2m。

（7）扣件式支架立杆接头应采用对接扣件连接，相邻两根立杆的接头不得设置在同一步距内，且接头沿竖向错开的距离宜≥500mm，各接头中心距主节点不宜大于步距的1/3。横杆位置与立杆接头中心的垂直距离应<150mm。

（8）支架高度较高时，立杆底部应设置可调底座或固定底座；立杆上端包括可调螺杆伸出顶层水平杆的长度应≤0.7m；立杆的垂直偏差不得大于架高的1/300，且不得超过100mm。当搭设到墩顶时，内排立杆应低于墩身40~50cm，外排立杆应高出墩身顶1~1.5m。

（9）当混凝土龄期和强度满足规范或设计要求后，方可进行模板、支架的拆除。

（10）模板应按顺序分段拆除码放，不得硬砸、硬撬或用机械大面积拉倒。钢模板应用绳索拉住或用起吊设备拉紧，起吊前人员要撤离到安全位置，然后缓慢送下。中途停歇时，应将已松扣或已拆松的模板、梁、杆等拆下运走，如图6-11所示。

（11）支架应自上而下逐层拆除，不得上下交叉作业。剪刀撑和连墙件应随架体逐层拆除。拆除的管件、脚手板等应采用人工传递或吊机吊运，不得随意抛掷。

（12）临时用电线路在架体的架设、接地、避雷以及与架空输电线路的安全距离等，应符合《施工现场临时用电安全技术规范》(JGJ 46)的有关规定。

6.6.2　安全设施

（1）剪刀撑应采用旋转扣件与相交的横向水平杆和立杆连接，旋转扣件中心线距主节点的距离应≤150mm。

（2）剪刀撑斜杆宜采用搭接连接，搭接长度≥1000mm，搭接处用不少于3个旋转扣件等距连接。

（3）每道剪刀撑的宽度应不小于4跨，且不应小于6m，斜杆与水平杆夹角宜在45°~60°之间，如图6-12所示。两条平行相临斜杆与水平杆的两个交点的距离应不大于5m。在架体外侧周边及内部纵、横向应由底至顶连续设置竖向剪刀撑。两层竖向剪刀撑间距应不大于4.5m。当支架高度大于4.8m时，其顶部、底部和中间均应连续设置水平剪刀撑，两层水平剪刀撑间距应不大于4.8m。

图6-11　拆除模板

图6-12　支架剪刀撑及杆件间连接

(4)作业层上非主节点处的横向水平杆,宜根据支承脚手板的需要等间距设置,最大间距不得大于纵距的1/2。纵向水平杆搭接长度应不小于1m,并用3个旋转扣件固定。

(5)支架底层应设置纵、横向水平杆作为扫地杆,纵向水平杆宜设置在立杆内侧,长度不宜小于3跨。碗扣式支架扫地杆距地面高度应≤350mm;扣件式支架纵向扫地杆应采用直角扣件固定在距底座上面≤200mm处的立杆上,横向扫地杆应采用直角扣件固定在紧靠纵向扫地杆下方的立杆上,严禁在施工中拆除扫地杆。

(6)用支架做门洞式通道时,应设置满足要求的防撞墙和门架式限高限宽设施,参照本指南9.1.7条的规定。防撞连续墙高度应不小于0.95m,上游导向墙伸出长度应不小于2.0m,前端放置防撞沙桶;并设置交通引导标志、减速板、限速标志、夜间警示灯等设施,如图6-13所示。必要时,应增设24h值班岗亭。

(7)作业层(面)临边处应设置防护栏杆、安全网、挡脚板。防护栏杆高度为1.2m,立杆间距≤1m,横杆与上下杆件之间距离应≤60cm,安装牢固。立杆和扶杆宜采用$\phi 48.3 \times 3.6$钢管制作,并涂红白或黄黑相间的反光漆。安全网宜选用过塑钢丝网,挡脚板高度应不低于180mm,如图6-14所示。

图6-13 门洞式通道支架　　　　　图6-14 作业层临边防护

(8)架体的高宽比应不大于3,当大于2时,应在架体外侧四周和内部水平间隔6~9m、竖向间隔4~6m设置连墙件与建筑结构拉结。无法设置连墙件时,应采取设置钢丝绳张拉固定等措施。

6.7 钢管柱及贝雷架支架

6.7.1 安全要点

(1)地基承载能力应符合设计要求。应对基础的稳定性和承载能力进行验算和检测,应满足稳定性、承载能力和安全要求。

(2)钢管柱、横向分配梁、贝雷梁及钢梁的关键部位、受力点的焊缝应经检验检测,满足《钢结构焊接规范》(GB 50661)第8.2节的要求方可使用。

(3)钢立柱纵、横向间距和高度应根据架体设计方案确定,钢管柱上的槽钢应当位于钢管柱的中心位置。

(4)立柱应支撑在混凝土垫块或承台上,垂直度允许偏差不大于1/1500墩身高度,且不大于2cm。底座与基础垫块预埋件的焊接应牢固,同时进行横向和斜向连接固定,形成整体承重体系,如图6-15所示。

(5)应采取措施防止立柱顶部横向分配梁及高度调节件坠落。

(6)贝雷梁吊装前应对贝雷梁拼装质量进行复检,跨径较大的贝雷梁应增设加强悬杆,以增强贝雷梁的稳定性。同时,应事先对贝雷架的锈蚀程度进行评估,检查各种销栓是否齐全等。

(7)钢管支架上的横向分配梁应支在贝雷架的节点部位,不得支在弦杆上。

(8)钢管柱关键部位受力点的焊缝应按方案要求进行焊缝质量检测,满足承载力要求。

(9)吊装时,应对已就位的相邻横向分配梁、贝雷梁、钢梁、楞梁进行临时固定,防止倾倒。贝雷梁、钢梁在按专项施工方案规定的位置就位后,应增设横向联系;两侧临空面应采用限位措施,防止侧向滑移,如图6-16所示。

图6-15 钢管立柱

图6-16 贝雷架

(10)贝雷架、钢梁搭设完毕后,应按设计组合荷载的1.05~1.10倍进行预压。

(11)拆除时,应从上至下逐层进行。拆除钢梁、贝雷梁横向联系前,对每一片梁进行临时固定,防止倾倒;同时应按照专项施工方案规定的顺序拆除,防止横向分配梁失去平衡,造成侧翻。

6.7.2 安全设施

(1)人员上下钢立柱应使用安全爬梯。

(2)门洞式通道支架的贝雷架下方应挂设兜网和过塑钢丝网。

(3)作业面临边处应按照本指南6.6.2的规定设置防护栏杆、安全网、挡脚板(高度不小于180mm)。

6.8 脚手架

6.8.1 安全要点

（1）地基应坚实、平整，基础应硬化，周边做好排水设施，并经常检查。

（2）立杆不埋设时，每根立杆底部应设置垫板和底座，并设置纵、横向扫地杆。纵向扫地杆应采用直角扣件固定在距底座上面≤200mm处的立杆上。横向扫地杆应采用直角扣件固定在紧靠纵向扫地杆下方的立杆上，如图6-17所示。

图6-17 扫地杆

（3）钢管脚手架横杆上下步距应≤2m，脚手架立杆横距应≤1.5m，纵距应≤1.8m。钢管脚手架连接时应使用扣件，螺栓应紧固。相邻管件接头应错开，立杆底端须使用立杆底座。

（4）脚手板必须铺满，并固定在脚手架的支撑上，无探头板、有坡度的脚手板应加设防滑木条或采取其他防滑措施。脚手架的任何部分均不得与模板支撑体系相连，如图6-18所示。

（5）不得将模板支架、缆风绳、泵送混凝土和砂浆的输送管等固定在脚手架上；不应悬挂手拉葫芦等起重设备。

6.8.2 安全设施

（1）脚手架高度在10～15m时应设置一组缆风绳，每组4～6根，每增高10m加设一组，缆风绳的地锚应牢固，并有警示标识。应用连墙件将立杆与建筑物可靠连接，高度超过20m时，每隔4m应设置连墙件。

（2）脚手架操作平台外侧应按规定采用密目式安全立网封闭，施工层内侧每隔5m设置一道水平安全网，并应设置高度不低于180mm的挡脚板，如图6-19所示。

（3）在外立面设置连续剪刀撑时，应用旋转扣件将水平杆外端和立杆连接，确保架体稳定。

图6-18 脚手板固定　　　　　　　　　图6-19 脚手架的封闭

6.9 爬梯

6.9.1 安全要点

（1）人行爬梯宜采用专业厂家生产的定型产品。高度较小时可搭设斜道，当高度小于5m时，宜采用"一"字形；当大于等于5m时，宜采用"之"字形，如图6-20所示。

（2）梯笼中梯道宽度不得小于0.9m，坡度不得大于1∶1，节段高度不得大于2.5m。

（3）梯笼投入使用前应进行验收，按规定设置双层防坠立网，立网材料宜选用过塑钢丝网；梯笼仅供人员上下使用，不得用作材料运输通道，如图6-21所示。

图6-20 "之"字形斜道　　　　　　　　图6-21 标准梯笼

（4）斜道楼梯步距应保持一致，横杆和立杆外露长度不得超过100mm。

（5）斜道宽度和休息平台宽度应不小于1m，坡度保持在30°～45°，斜道应满铺脚手板，如图6-22a)、图6-22b)所示。

6.9.2 安全设施

(1)梯笼高度达到 5m 时,须设置连墙件;超过 5m 时,每隔 5m 处及顶端应设置一道与立柱等构筑物连接的水平加强件。距立柱等构筑物较远时,应增加缆风绳或抛撑加固,抛撑、缆风绳及地锚应有警示标识。

(2)斜道两侧应设置防护栏杆和挡脚板,参照本指南 6.6.2 第(7)条的规定,如图 6-22c)所示。

(3)斜道外侧宜挂过塑钢丝网封闭。斜道每两步距加设水平斜杆,侧立面应连续设置剪刀撑,如图 6-22d)所示。

(4)斜道应附着外脚手架或建筑物设置,斜道两端、平台外围和端部应按照《建筑施工扣件式钢管脚手架安全技术规范》(JGJ 130)6.4 节的规定设置连墙件。

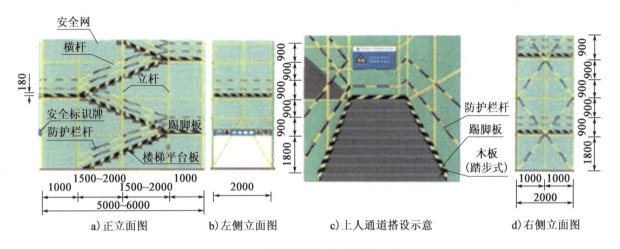

图 6-22 斜道示意图(尺寸单位:mm)

7 爆破施工

7.1 一般规定

7.1.1 爆破工程应实行分级管理,必须满足《爆破安全规程》(GB 6722)、《爆破作业单位资质条件和管理要求》(GA 990)、《爆破作业项目管理要求》(GA 991)和《广东省公安厅关于爆破作业项目许可和安全管理的规定(试行)》(粤公通字〔2015〕35号)相关要求。总体施工组织设计中,应明确各爆破作业项目类别、级别。爆破设计施工、安全评估与安全监理应由相应资质的企业承担,爆破工程技术人员的资格须满足作业项目要求,其中保管员须为爆破实施单位指定人员。

7.1.2 必须编制爆破工程专项施工方案,方案内容应包含:工程概况、爆破环境、风险(危险)源辨识及分析、爆破技术方案、施工组织方案、爆破设计相关图纸、起爆网路设计及起爆网路图、安全设计及防护、警戒图;复杂环境爆破设计应当制定应对复杂环境的方法、措施及应急预案。C级及以上爆破工程、水下爆破工程的专项施工方案须经专家论证、审查。

7.1.3 需公安机关审批的作业项目,应按要求做好爆破工程的专项设计、评估、监理工作。爆破作业单位应于作业前3天发布施工公告,前1天发布爆破公告,并在作业地点张贴,施工公告内容应包括:工程名称、建设单位、设计施工单位、安全评估单位、安全监理单位、工程负责人及联系方式、爆破作业时限等。爆破公告内容:爆破地点、每次爆破时间、安全警戒范围、警戒标识、起爆信号等。

7.1.4 爆破作业人员(爆破员、安全员、保管员等)应按有关规定进行培训,并取得相关证件。

7.1.5 作业前应对爆破技术方案进行安全技术交底,对周边环境(附近建筑物、管线、人员等)采取必要的安全防护措施。爆破设计人员向现场爆破工程技术人员交底,由爆破工程技术人员向爆破班长交底,爆破班长向安全员、保管员、押运员等交底。

7.1.6 爆破作业现场须按照最小爆破安全距离(表7-1)划定警戒区,在确定的危险区边界设置明显的警戒线、警戒标志和警戒岗哨,警戒岗哨须处于通视范围。

7.1.7 装药时照明必须使用36V及以下安全电压;严禁边打眼边装药;需使用木制或竹制炮棍装药时,炮眼填塞质量必须符合安全规程和设计要求。装药完成后应由爆破班长或安全员发出预警信号,确认全部人员撤离后发出起爆信号,由爆破员实施起爆。

爆破(抛掷爆破除外)时,个别飞散物对人员的安全距离　　　　表7-1

爆破类型及方法	个别飞散物的最小安全距离(m)
浅孔爆破法破大块	300
浅孔台阶爆破	200(复杂地质下不少于300)
深孔台阶法爆破	按设计,但不小于200
隧道爆破	按设计,但不小于300
拆除爆破、城镇浅孔爆破及复杂环境深孔爆破	由设计确定

注:沿山坡爆破时,下坡方向的安全距离应比表内数值增大50%。

7.1.8 在残孔附近钻孔时应避免凿穿残留炮孔,在任何情况下均不许钻残孔。

7.1.9 装药完成由专门人员发出预警信号后,除1~2名爆破员外其他作业人员必须全部撤出警戒区,确认全部人员撤离后方可通知爆破员连接雷管实施起爆,起爆站与爆破位置的距离应满足设计要求并不小于300m。

7.1.10 爆破后通风排烟的时间应不小于15min,之后检查人员(最多2人)才能进入爆破作业地点进行检查,检查人员应为现场技术负责人、爆破班长、有经验的起爆员或安全管理员;发现盲炮应立即进行安全警戒,及时报告并由原爆破作业人员处理,确定安全后方可解除安全警戒。

7.1.11 处理盲炮前应由爆破技术负责人定出警戒范围,并在该区域边界设置警戒,处理盲炮时无关人员不许进入警戒区;应派有经验的爆破员处理盲炮;硐室爆破的盲炮处理应由爆破工程技术人员提出方案并经单位技术负责人批准后,由处理者填写登记卡片或提交报告,说明产生盲炮的原因、处理的方法、效果和预防措施。

7.1.12 雷电、暴雨天不得实施爆破作业(隧道洞内爆破除外);强电场区爆破作业不得使用电雷管;能见度不超过100m的雾天等恶劣天气不得露天实施爆破作业。

7.1.13 爆破区域附近存在建(构)筑物时,应监测振动波速及建(构)筑物的沉降和位移。

7.2 爆破器材申领、储存、收发、运输与装卸

7.2.1 民用爆炸物品的库房设施必须经过当地公安机关审批,并符合《小型民用爆炸物品储存库安全规范》(GA 838)要求;储存的民用爆炸物品数量不得超过储存设计容量,炸药、雷管须分库储存,账、卡、物必须相符一致,严禁在库房内存放其他物品。

7.2.2 申领民用爆炸物品时必须由现场爆破班长和安全员提出申请;必须经在当地公安机关备案的项目负责人或受其委托的现场技术主管及副经理2人以上审批签字;领取数量不得超过当班用量和审批数量。

7.2.3 保管员和领用人员(爆破安全员、爆破员)必须互相确认领用爆破器材的品种、数量、编号等(图7-1);确认申领爆破器材在批准的指定场所内使用才可发放,严禁一人多机多卡发放爆破器材;押运人员必须由持证人员担任,并在发放单上签字。

图 7-1 炸药、雷管领取

7.2.4 运输车辆及驾驶人员必须是经公安机关核准备案的专用车辆和人员;保管员在运输车辆出发后必须立即向现场技术主管报告;运输爆破器材时必须由专人押运,炸药、雷管必须用专用车辆运输,严禁混装,运输车辆宜配备 GPS 定位系统;严禁无关人员搭乘运送车辆。

7.2.5 车辆应按指定路线行驶,途中因故障停留时必须立即报告,设警示标志,由专人看守。人工搬运爆破器材时,雷管、炸药必须分别放在专用包(箱)内,搬运人员之间必须保证有足够的安全距离,不得一人同时携带雷管和炸药。遇暴雨、雷电、大雾等恶劣天气时,必须停止运输和装卸作业。

7.2.6 爆破器材运至现场后必须清点复核其品种、数量、规格,并签字确认;临时加工地点应设置防爆箱、警戒区,严禁无关人员靠近;临时加工存放的雷管、炸药必须保证有足够的安全距离,由专人看管。

7.2.7 爆破后剩余的爆破器材必须当班清退回库,由爆破员、押运人员、保管员三方签字确认品种、数量、规格;严禁擅自销毁民用爆炸物品;不再使用时,应当将剩余的民用爆炸物品登记造册,报公安机关处置。

7.3 路基土石方爆破施工

7.3.1 安全要点

(1)路基石方开挖时严禁采用硐室爆破,崩塌与岩堆地段爆破开挖时应采取控制爆破技术,近边坡部分宜采用光面爆破或预裂爆破。

(2)对需要爆破的地段应进行全面调查,查清爆破所处的位置、地形和障碍物等。确保空中缆线、地下管线和施工区边界处建筑物的安全。爆破作业前应设置警戒区,对于 A 级爆破应报请公安机关现场配合组织警戒,并加强现场防护及爆破面的检查。

(3)爆破作业须统一指挥,统一信号(第一次警报—预警信号,第二次警报—起爆信号,第三次警报—解除警报信号)。

(4)在雷雨天气禁止爆破作业。遇到突然的雷雨时,爆破现场人员应立即撤离,并派专人看管现场,防止无关人员闯入危险区。

(5)孤立巨石块解体或爆破受限区(居民区附近或邻近其他结构物)作业时,应采用特殊技术措施(如静态爆破技术)保证安全,避免飞石对人员生命财产及周围环境带来危害。

7.3.2 安全设施

(1)在人员和车辆进出口应设置爆破公告,在确定的危险区边界设置警示牌、警戒带(图7-2、图7-3)。

图7-2 爆破施工安全公告

图7-3 临近爆破警戒

(2)爆破作业时宜采用手摇式警报器作为预警、起爆、解除信号的装备,必要时可采用声光报警装置。

(3)宜采用篱笆、钢网、胶管帘、土袋等对爆破飞石进行防护。

7.4 桥梁爆破施工

7.4.1 安全要点

(1)基础爆破开挖及桩孔爆破作业宜采用浅眼松动爆破法,严格控制炸药用量。

(2)应按方案设计的点位标注钻孔位置,钻孔后必须进行检查和孔口封堵处理,在积水难以排除情况下,应采用防水爆破器材。

(3)装药前,应断开爆破区域的电源。爆破前,爆破桩基孔口应做覆盖防护,相邻桩孔人员必须撤离现场作业,严禁投掷雷管、炸药。

(4)爆破后通风15min,并检查孔口、孔壁有无损坏以及孔内是否存在有害气体,确认安全后方可进行下一道工序。

7.4.2 安全设施

(1)爆破前须设置警示标牌及划定警戒区;爆破作业过程中须由专人负责警戒(图7-4)。

（2）孔口宜采用钢网及炮被（如由废旧轮胎编制或湿棉被）覆盖防护，并用土袋压重（图7-5）。

图7-4　设置警戒区

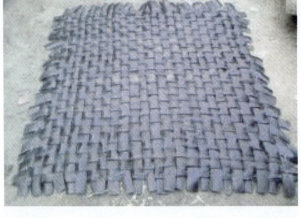

图7-5　废旧轮胎编制的炮被

7.5 隧道爆破施工

7.5.1 安全要点

（1）洞口与明洞的石质边、仰坡及相接路基应采用预留光爆层法或预裂爆破法，不得采用深眼大爆破或集中药包爆破开挖。

（2）小净距隧道应错开施工，先、后行洞掌子面错开距离应大于隧道开挖宽度的2倍，应严格控制爆破震动，爆破时另一洞内作业人员应撤离出洞外。

（3）连拱隧道中的导洞不得作为爆破临空面。

（4）长度小于300m的隧道，起爆站应设在洞口侧面50m以外；其余隧道洞内起爆站距爆破位置不得小于300m，起爆站位置应能防飞石、冲击波和噪声等对人员造成伤害。

（5）雷管、炸药运至隧道内后应分开临时存放，距离不小于25m，并设专人看护。打眼工序没有完成时，严禁将炸药、雷管运上台架，严禁边打眼边装药；装药时照明必须使用36V及以下安全电压；装药必须使用炮棍（木棍或塑料棍）；炮眼堵塞质量必须符合安全规程和设计要求。剩余爆破器材必须立即核对、清理、退库并签认。

（6）岩溶段的爆破开挖应严格控制单段起爆药量和总装药量，控制爆破震动。

（7）岩爆地质隧道施工宜在围岩内部应力释放后采用短进尺开挖。

7.5.2 安全设施

（1）隧道洞口应设专人负责人员、材料、设备与爆破器材进出隧道的登记管理和安全监控等工作。

（2）爆破器材运至现场后,应立即开始警戒,警戒线距爆破器材临时存放点不小于25m;起爆前,警戒线应在爆破点周围300m(图7-6),严禁无关人员进入爆破区域。

图7-6　隧道内爆破警戒

8 恶劣环境施工

8.1 一般规定

8.1.1 施工单位在编制施工组织设计时,应根据当地季节性变化规律及施工环境,制定雨季、台风季节、高温季节、冬季及夜间施工的安全技术措施,并编制极端天气(台风、汛期等)应急预案。

8.1.2 施工单位应储备特定环境施工时的应急物资,并定期对应急物资进行检查,确保险情出现时能够及时有效地投入使用。

8.1.3 雨季、台风季节、高温季节、冬季、夜间施工前,施工单位应对作业人员进行有针对性的安全教育培训及安全技术交底。

8.1.4 施工单位应及时收集当地气象、水文等信息,并采取相应的预防措施。

8.1.5 在台风、暴雨来临前,建设、监理、施工单位应实时跟踪天气情况,并落实主要负责人带班制度,按要求启动相应应急预案,发现险情应及时按程序上报。

8.1.6 当遇到大雨、雷雨、高温、6级及以上大风等恶劣天气时,应立即停止高处露天作业、脚手架搭设或拆除作业及起重吊装等作业。

8.2 雨季施工

8.2.1 安全要点

(1)雨季来临前,施工单位应检查、修复或完善现场防雷装置、接地装置、用电设备、排水设施,围堰、堤坝等应采取加固和防坍塌措施,易冲刷部位应采取防冲刷或疏导措施。

(2)雨季来临前,应清除基坑、孔口、沟边过剩弃土,减轻坡顶压力;并做好傍山施工现场、便道上边坡的危石处理及塌方、滑坡威胁地段的预防措施。

(3)雨季施工期间,应及时排除现场积水;在河道、河滩上进行施工时,应及时疏通河道,确保行洪面;位于洪水可能淹没地带的设施、设备、材料应及时移到安全地带。

(4)雨季施工期间,应定期检查用电设备的线路、接地装置是否完好有效。

(5)大风大雨后,应及时检查临时设施是否受损,起重设备基础是否下沉,塔吊垂直度是否变化,龙门吊轨道是否倾斜、变形,支架、脚手架是否牢固,围堰、基坑、边坡是否稳定等,发现隐患应立即治理。

(6)大雨过后,应及时清除截、排水沟中的沉积物,保持排水顺畅。

8.2.2 安全设施

(1)施工单位应提前备足雨季施工所需的防汛应急物资和器材;作业人员应配备雨衣、雨鞋等防护用品。

(2)雨季来临前,应在现场的大型临时设备周边设置排水沟,严防雨水冲入设备内。露天作业机具应设置防雨棚,现场配电箱宜采用防雨布进行遮盖。

(3)雨季来临前,施工单位应根据施工总平面图,结合现场地形情况设置排水沟,排水沟应满足集水、排水要求;若施工现场邻近高地,应在高地的边沿(施工现场上侧)设置截水沟,防止洪水冲入现场;同时应备足抗洪用的抽水设备(图8-1)。

(4)现场脚手板、斜道板、作业平台应设置防滑措施。

图 8-1 现场排水沟

8.3 台风季节施工

8.3.1 安全要点

(1)台风来临前,监理单位应组织专项安全检查,督促施工单位对施工现场的临时用房、围墙、脚手架、塔吊、龙门吊、架桥机、施工电梯、基坑支护及模板工程等防风措施进行检查、加固,落实船舶避风锚地和拖轮转移地点,必要时人员、重要资料须撤离。

(2)台风季节施工时,应定期对现场中大型设备的防雷接地、生活区临时用电进行检查;现场电缆、电线应检查、加固;台风暴雨期间,不使用的电器设备应切断电源。

(3)现场所有松散的材料都应绑扎并锚固或者转移到安全区域;堆放在安装好的梁上的材料应当绑在预留钢筋上,地面成堆叠放的构件应摆放整齐、稳固。

(4)施工单位应定期检查现场排水设施,保证现场排水畅通,防止因台风暴雨造成洪涝灾害。

(5)台风暴雨过后,施工单位应组织对现场特种施工设备、重要设施等进行检查,并由监理单位复查,确认安全后,才能恢复使用、继续施工。

8.3.2 安全设施

（1）当台风来临前,对临时驻地、临时设施、机械设备（主要为架桥机、龙门吊、塔吊）应增设或加固缆风绳（图8-2）；当遇到强台风时,应当将驻地活动房中的人员提前转移。

（2）墩柱的钢筋骨架已绑扎安装且未浇筑混凝土部分的骨架和模板超过8m时,应设置缆风绳加固（图8-3）。

图8-2 项目驻地增设缆风绳

图8-3 未浇筑的墩柱用缆风绳加固

8.4 高温季节施工

8.4.1 安全要点

（1）高温季节施工前,施工单位应合理调整作息时间,尽量避开中午高温时段作业,并根据气象站发布的高温预警信号采取相应的防范措施,红色预警时宜停止户外作业。

（2）高温作业时,人员若出现头晕、恶心、胸闷、心悸、乏力等中暑先兆时,应立即到阴凉处休息,并服用防暑降温药品、清凉饮料等。

（3）职工宿舍应保持通风干燥,定期清扫、消毒,保持室内整洁、卫生；同时应加强员工的饮食管理,避免出现食物中毒事件。

（4）各类生活垃圾应每天按时清运出场,确保员工有良好的生活及休息环境。

8.4.2 安全设施

（1）施工单位应及时给员工发放清凉油、人丹、风油精、藿香正气水等防暑降温药品。

（2）在露天作业中的固定场所,应搭设遮阳棚（图8-4）,设置应急药箱,并供应茶水、清凉含盐饮料、绿豆汤等。

（3）集中设置的员工宿舍宜统一装配空调降温；食堂应配置冷藏设施,保证食物不变质。

（4）厨房应配有纱门、纱窗,同时应积极落实工地灭蚊蝇、灭鼠、灭蟑螂等措施。

图 8-4 施工现场遮阳棚

8.5 冬季施工

8.5.1 安全要点

（1）办公、生活区不得使用简易电炉、碘钨灯等取暖，不得使用"热得快"煮水，淋浴房应通风，防止一氧化碳中毒。

（2）冬季施工时，施工单位应定期检查消防设备设施，及时更换不符合要求的消防器材；明火作业地点应由专人看管，易燃物与火源保持不小于10m的安全距离。

（3）施工车辆行驶在坡道或冰雪路面时应减速慢行，与前车保持安全距离，防止发生追尾事故。

（4）雨雪冰冻后，作业人员应及时清除作业平台、脚手板上的冰雪；电工应对现场所有用电设备、供电线路进行全面检查，发现问题立即处理。

（5）严禁明火烘烤或开水加热冻结的储气罐、氧气瓶、乙炔瓶、阀门、胶管等。

8.5.2 安全设施

（1）冬季施工前，施工作业平台、人员上下通道、脚手板表面等应设置防滑条、防滑垫等防滑设施，易滑倒区域须设置"当心滑倒"等安全警示标志。

（2）冬季施工的机械车辆在冰雪路面行车时，宜加装防滑链等防滑设施（图 8-5）。

图 8-5 防滑链

8.6 夜间施工

8.6.1 安全要点

(1)施工单位需要进行夜间施工时,应提前向监理单位申请夜间施工报备,未经监理工程师批准,不得进行夜间施工。

(2)夜间施工时,施工单位应加大巡查力度,严格落实主要负责人带班制度;施工易撞部位、交叉路口、临边洞口等区域应加强防护与监管,严禁无关人员及车辆进入施工现场。

(3)施工单位应加强对反光标志标牌、反光设施的管理与维护,损坏的及时更换。

(4)遇雷雨、大风等极端恶劣天气时严禁夜间施工,同一区域应避免夜间交叉作业。

8.6.2 安全设施

(1)夜间施工现场须设置符合施工需求的照明设备,光束不得直接照射工程船舶、机械操作和指挥人员;作业区域四周或出入口应设置警戒带及反光警示标志(图8-6)。

图8-6 夜间照明设备及反光警示标志

(2)施工现场的易撞部位、交叉路口应设置夜间警示灯,临边、预留孔洞等部位应设置防护栏杆及反光警示标志,夜间使用的安全爬梯、通道等部位应增设照明设备,照度满足施工要求(图8-7)。

图8-7 夜间警示灯

(3)夜间施工的所有机械设备、机具及防护装置均应粘贴反光条或反光标志(图8-8);作业人员须穿戴反光衣、配备手电筒。

(4)夜间作业的船只应按规定办理完备的手续(参照本指南14.7),并配置齐全的夜航、停泊标志灯及照明灯具。

图8-8　施工车辆尾部反光膜

9 跨路、跨线施工

9.1 一般规定

9.1.1 跨路、跨线施工前应编制专项施工方案、交通疏导方案(图9-1),组织安全评价,由施工企业技术负责人审核并组织专家论证审查,按照专家意见修改完善,经有关管理部门批准,再由总监理工程师批复同意后实施。实施前应进行公告。

图9-1 交通疏导

9.1.2 跨路、跨线施工应尽可能封闭下方道路,为行人和车辆开辟新的临时道路。在无法封闭下方道路的情况下,应搭设跨线桥梁安全防护棚。在公路或铁路上空进行桥梁吊装时,应临时中断交通。

9.1.3 跨通航水域施工时,应设置号灯、号型,根据通行情况设置防撞设施。

9.1.4 在路基附近挖掘、钻孔时不得影响路基结构安全,不得损坏各种信号、通信设施,不得影响行车瞭望视线。

9.1.5 现场作业车辆、机械必须配备作业警示灯,现场作业人员须穿戴反光衣。

9.1.6 跨线作业交通安全标志应按照现行《道路交通标志和标线》(GB 5768.2)规定设置。

9.1.7 应按照现行《道路交通标志和标线》(GB 5768.2)的规定及交通管理部门的要求,在通车门洞前后10m外各搭设一座门式限高架(限高4.5m),具体方案应得到公路管理机构和交通警察管理部门核准。采用组合桁架梁搭设时,应贴红白或黄黑相间的反光膜或刷反光漆;限高架顶部应设置车辆限高、限宽、限速等标志牌及夜间警示灯,如图9-2所示。

9.1.8 安全防护棚应具备较强的防砸、抗冲击能力,防护棚选用类型如表9-1所示。

防护棚选用要求　　　　　　　　　　　　　　　　　表9-1

公路等级		类型	防护棚形式
高速公路、一级公路	三车道以上、两车道弯道	承重	桁架支撑体系
	两车道		桁架或满堂支架
	三车道以上、两车道弯道	非承重	桁架
	两车道		脚手架
二级及二级以下公路	两车道	承重	桁架或满堂支架
	两车道	非承重	脚手架

9.1.9 安全防护棚的长度应大于自由坠落的防护半径,跨线桥坠落高度、防护等级和防护半径分类情况如表9-2所示。

跨线桥坠落高度、防护等级和防护半径分类　　　　　　表9-2

序号	坠落高度	防护等级	防护半径
1	2～5m	一级	2m
2	5～15m	二级	3m
3	15～30m	三级	4m
4	30m以上	特级	5m以上

9.1.10 当上部施工高度超过24m时,下方应设间距600mm的双层防护棚,必须满铺能承受大于10kPa均布静荷载的材料,或50mm的厚木板或符合要求的其他材料,如图9-3所示。

图9-2　限高架设置

图9-3　双层防护棚

9.1.11 安全防护棚施工完成后,应组织验收。

9.1.12 需多次上跨同一道路时,应安排同步施工。主体结构施工完后,应及时施作桥面整体化层、防撞栏、防抛网;交安设施部分可由跨线主体施工单位同步完成。

9.2 桁架式安全防护棚

9.2.1 安全要点

（1）在防护棚搭设位置周边的导行路段内,各种导行设施应齐全,标志应明显,标线应准确,经交警同意后设置减速带。对施工区域应尽可能进行封闭,封闭设施上贴反光膜和挂夜间警示灯。无法封闭的应采用警示路锥、反光水马等进行现场围蔽,如图9-4和图9-5所示。

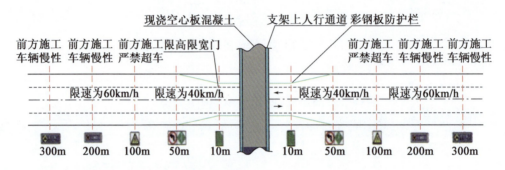

图9-4 交通标志标线布置

图9-5 交通导行

（2）基础一般采用钢筋混凝土结构,其外观尺寸和强度应按照满足防碰撞的要求进行设计和施工,且满足承载力要求。周边应做好排水设施。

（3）防护棚应按坠落半径设置挑檐长度,双层防护棚顶板四周应设钢管架与纵横梁可靠联系,并安装彩钢板,其上贴红白或黄黑相间反光膜或刷反光漆,其上沿需超出防护棚顶板面0.6m,并形成封闭围护,以防止跨线桥梁上部物件及施工材料抛物坠落影响下方行车。

9.2.2 安全设施

（1）防护棚应设置轮廓灯、警示灯、爆闪灯等设施。在夜间警示灯应持续亮灯,通道内须保证充足的照明。

(2)防护棚两端支墩立柱应贴红白或黄黑相间反光膜或涂反光漆,钢管立柱侧面张挂安全网。

9.3 钢管脚手架式安全防护棚

9.3.1 安全要点

(1)防护棚应采用外径48~51mm、壁厚为3.5mm的钢管扣件脚手架或其他型钢材料搭设,严禁采用竹木杆件搭设。

(2)立杆基础必须做硬化处理,底座加50mm厚垫板,立杆必须沿通行方向设置扫地杆和剪刀撑,侧面立杆间距应不大于2m。水平横杆第一道距地应为600mm,第二道起间距应为1500mm,防护棚横向悬挑尺寸应为0.3~0.5m。外侧斜撑应挂密目网。

(3)应根据通道所处位置及人、车通行要求确定防护棚净空高度和宽度,高度不低于3.5m,宽度不小于3m。

(4)宽度超过3.5m或高度超过4m的防护棚,立杆间距应缩小或使用双立杆、型钢、脚手架等格构式立柱,纵向横杆应采用型钢制作或搭设承重脚手架。

9.3.2 安全设施

(1)安全通道檐板侧面应粘贴间距300mm红白或黄黑相间的反光膜或刷反光漆。

(2)防护棚两侧边应设置反光水马等设施,引导行人从安全通道内通过,必要时满挂密目网封闭。

10 取弃土(渣)场

10.1 一般规定

10.1.1 弃土(渣)场应按照设计文件(包含截排水设施、挡渣墙、边坡防护、弃土要求、稳定计算书等)设置,新增或扩容弃土(渣)场时应按要求进行变更,变更时应按照设计变更的流程实施。

10.1.2 弃土(渣)场宜设置在缓坡、山谷或荒沟中,其位置与高度应保证路堑边坡、山体和自身的稳定;弃土(渣)应相对集中堆放,不得影响附近建筑物、农田、水利、河道、管线、交通和环境等;严禁在岩溶漏斗、暗河口、滑坡体上、泥石流沟上游弃土(渣);严禁贴近、挤压桥墩(台)或涵洞口,避免产生附加推力。

10.1.3 取土场的位置、边坡、深度应符合设计要求,并结合当地土地利用、环保规划进行布置,不得随意取土,且不得危及周边建(构)筑物等既有设施的安全。

10.1.4 取弃土场清表时,不得用火焚烧,防止发生火灾;取土后应清理场地的废料和土方工程的废方,不得影响排灌系统及农田水利设施。

10.1.5 取弃土场的后期处理应满足环保要求;红线外的取弃土场地,须在工程结束(即复垦或复绿)后,及时移交当地政府,并按要求办理移交手续。

10.2 弃土(渣)场

10.2.1 安全要点

(1)弃土(渣)作业应遵循"先支护、后弃土"的原则。

(2)弃土(渣)前,施工单位应先按设计要求完善截排水措施、挡渣墙及周边防护设施(图10-1、图10-2),由监理工程师组织检查、验收,合格后方可投入使用。

(3)弃土(渣)时应自下而上分层填筑,并按照设计的分层厚度和压实度进行施工;严禁采用自上而下倾倒的方式弃土(渣)。

(4)弃土场边坡坡率不宜大于2:1;并根据弃土高度进行平台设置及坡面防护。

10.2.2 安全设施

(1)弃土(渣)时,周边应设置警戒带及"禁止靠近"等安全警示标志。有行人、行车道的,须采取隔离或封闭措施(图10-3)。

(2)弃土(渣)时,每填筑一层,边坡临时排水设施应及时跟进(图10-4)。

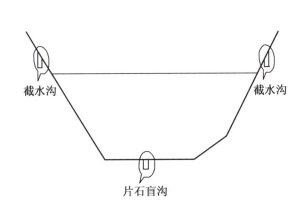

图10-1　截水沟位置示意图

图10-2　拦渣墙

图10-3　弃土场隔离措施

图10-4　弃土场临时排水沟

(3)弃土(渣)车辆的运输通道应设置线路指示标牌及限速标志标牌,并设专人指挥弃土(渣),指挥人员须穿反光衣;急转弯路段应设置反光镜及"减速慢行"标志;在滚石路段应设置防滚石措施(防护网)及"当心落石"等安全警示标志。

10.3　取土场

10.3.1　安全要点

(1)取土场施工方案应明确取土场开挖顺序、分级开挖高度及坡率等内容。

(2)取土时应根据土质情况自上而下放坡开挖,保证边坡的稳定性,严禁掏底取土。

(3)取土后的裸露面应及时整治,取土场边坡不得超出设计坡率,并应采取防护措施,避免产生滑坡、泥石流等次生灾害。

10.3.2 安全设施

(1)取土场底部应设置临时向外的排水设施,防止积水浸泡坡脚,造成边坡坍塌。

(2)施工期间,应在取土场周围设置警戒带等安全隔离设施(图10-5),并在醒目位置设置"施工重地,闲人免进"等安全警示标牌;宜设置夜间警示和反光标识。

(3)取土完成后,山坡裸露面宜采用喷播植草防护,开挖区宜进行整平、复绿(图10-6)。

(4)取土场上方有架空线时,应对杆线采取有效的保护措施。

图10-5　取土场周边隔离措施

图10-6　开挖区整平复耕

11 标志标牌

11.1 一般规定

11.1.1 安全标志标牌应设置在存在危险因素的场所和设备、设施上,标志标牌应易于辨认,位置应醒目、合理。

11.1.2 安全标志标牌应按照标准化管理,即以统一的格式制作、安装和设置,规范现场安全生产及文明施工。安全标志标牌主要分为以下4类:

(1)禁止标志:禁止人们不安全行为的图形标志。
(2)警告标志:提醒人们对周围环境引起注意,以避免可能发生危险的图形标志。
(3)指令标志:强制人们必须做出某种动作或采用防范措施的图形标志。
(4)提示标志:向人们提供某种信息(如标明安全设施或场所等)的图形标志。

11.1.3 施工单位应定期对安全标志标牌进行检查、维护,保持清洁醒目、完整无损;若发现标志标牌破损、变形、遗失或缺少时,应及时修整、更换或补充。

11.1.4 建设单位应统一规范工程项目的安全标志标牌。

11.1.5 施工现场道路交通标志标牌按照《道路交通标志和标线》(GB 5768)要求执行。

11.2 制作材料

11.2.1 安全标志标牌可选用镀锌铁皮、铝合金板、薄钢板等坚固耐用的材料制作,一般不宜使用遇水变形、变质或易燃的材料;有触电危险的场所,应使用绝缘材料。选用的反光膜应符合《道路交通反光膜》(GB/T 18833)相关要求。

11.2.2 标志标牌图形应清晰,材料表面应光滑,不能出现毛刺、孔洞;边缘和尖角应适当倒棱,呈圆滑状,带有毛边处应打磨光滑。

11.3 基本形式、参数及尺寸

安全标志的基本形式与参数如表11-1所示,尺寸如表11-2所示。

安全标志的基本形式及参数 表 11-1

安全标志类别	基 本 形 式	相 关 参 数	备 注
禁止标志		外径 $d_1=0.025L$； 内径 $d_2=0.800d_1$； 斜杠宽 $c=0.080d_2$； 斜杠与水平线的夹角 $a=45°$	基本形式为带斜杠的圆形框；圆形和斜杠为红色，图形符号为黑色，衬底为白色；文字辅助标志衬底为红色，字为白色黑体字
警告标志		外边 $a_1=0.034L$； 内边 $a_2=0.700a_1$； 边框外角圆弧半径 $r=0.080a_2$	基本形式为正三角形边框；三角形边框及图形符号为黑色，衬底为黄色；文字辅助标志为白底黑框，字为黑色黑体字
指令标志		直径 $d=0.025L$	基本形式为圆形边框；图形符号为白色，衬底为蓝色；文字辅助标志衬底为蓝色，字体为白色黑体字
提示标志		边长 $a=0.025L$	基本形式为正方形边框；图形符号为白色，衬底为绿色或红色；字为黑色黑体字

注：L 为观察距离。

标志标牌的尺寸(单位:m)　　　　　　表 11-2

型　号	观察距离 L	圆形标志的外径	三角形标志的外边长	正方形标志的外边长
1	0 < L ≤ 2.5	0.070	0.088	0.063
2	2.5 < L ≤ 4.0	0.110	0.142	0.100
3	4.0 < L ≤ 6.3	0.175	0.220	0.160
4	6.3 < L ≤ 10.0	0.280	0.350	0.250
5	10.0 < L ≤ 16.0	0.450	0.560	0.400
6	16.0 < L ≤ 25.0	0.700	0.880	0.630
7	25.0 < L ≤ 40.0	1.110	1.400	1.000

注:允许有 3% 的误差。

11.4　颜色与字体

禁止标志、警告标志、指令标志、提示标志颜色参照《安全色》(GB 2893)的基本规定执行,各颜色的 RGB 等效值如表 11-3 所示,标志中的文字字体均采用黑体。其中,红色表示禁止,黄色表示警告,蓝色表示指令,绿色表示提示。

安全标志各种颜色的 RGB 等效值　　　　　　表 11-3

颜色种类	红色	黄色	蓝色	绿色	白色	黑色
RGB 等效值	230.0.32	255.255.0	0.72.152	0.165.82	255.255.255	0.0.0
色彩效果						

11.5　布设要求

11.5.1　构造与安装

(1)标志牌安装方式可分为固定式和可移动式,固定式分为附着式、悬挂式、柱式。

(2)柱式的标志标牌一般由底板、支撑件、基础等组成,各组成部分应连接可靠;支撑件应具有一定的强度和刚度,并考虑美观要求,可选用槽钢、角钢、工字钢、管钢等材料制作。

(3)标志牌采用柱式安装时应安装稳固,满足抗风、抗拔、抗撞击等要求。

(4)标志牌采用附着式和悬挂式的方式安装时,可直接粘贴、悬挂于附着物上,且应稳固不倾斜。

(5)标志牌采用可移动式安放时,应考虑配重、尺寸等因素,确保其稳定性。

11.5.2　设置位置

(1)标志的设置位置应合理、醒目,应能使观察者引起注意、迅速判断、有足够的反应时间或操作距离。环境信息标志宜设在有关场所的入口处和醒目处;局部信息标志应设在所涉及的相应危险地点或设备(部件)附近的醒目处。

(2)标志标牌的平面与视线夹角应接近90°,观察者位于最大观察距离时,最小夹角不低于75°。

(3)标志牌设置的高度,应尽量与人眼的视线高度相一致。悬挂式和柱式的环境信息标志牌的下缘距地面的高度不宜小于2m;局部信息标志的设置高度宜符合以下要求:

①当采用悬挂式安装时,在防护栏上的悬挂高度宜为0.8m;

②当采用附着式安装时,应粘贴在表面平整的硬质底板或墙面上,粘贴高度宜为1.6m;

③当采用柱式安装时,支撑件要牢固可靠,标志距离地面高度宜为0.8m;

④此处高度均指标志牌下边缘距离地面的垂直距离。当不能满足上述要求时,可视现场情况确定。

(4)标志标牌不得设在门、窗、架等可移动的物体上,标志前不得放置妨碍认读的障碍物;标识标牌不得设置在门架、龙门吊桁架梁等物体上,避免增大阻风面积。

(5)需要同时设置多个标志牌时,应按警告、禁止、指令、提示类型的顺序,先左后右、先上后下地排列。

(6)项目驻地、拌和站、预制场、钢筋加工场、隧道洞口、大型桥梁、互通立交、港口施工区等区域宜设置的主要标牌如表11-4所示。

重点施工区域/场所的主要标牌一览表　　　　表11-4

序　号	重点施工区域/场所	设　置　位　置	标　志　名　称
1	项目驻地	醒目位置	工程概况牌 质量安全目标牌 管理人员名单及监督电话牌 安全文明施工牌 消防保卫牌 风险源告知牌 安全宣传牌 施工平面布置图 施工单位消防设施平面布置图
2	三集中(拌和站、预制场、钢筋加工场)	出入口醒目位置	工程概况牌 质量安全目标牌 管理人员名单及监督电话牌 安全文明施工牌 风险源告知牌 现场平面布置图
3	隧道洞口	洞口的醒目位置	工程概况牌 质量安全目标牌 管理人员名单及监督电话牌 安全文明施工牌 风险源告知牌 安全宣传牌 现场平面布置图

续上表

序　号	重点施工区域/场所	设　置　位　置	标　志　名　称
4	大型桥梁	桥头的醒目位置	工程概况牌 质量安全目标牌 管理人员名单及监督电话牌 安全文明施工牌 风险源告知牌 安全宣传牌 现场平面布置图
5	互通立交	互通区的醒目位置	工程概况牌 质量安全目标牌 管理人员名单及监督电话牌 安全文明施工牌 风险源告知牌 现场平面布置图
6	港口施工区	进场的醒目位置	工程概况牌 质量安全目标牌 管理人员名单及监督电话牌 安全文明施工牌 风险源告知牌 环境保护牌 现场平面布置图

12 个人防护与职业健康

12.1 一般规定

12.1.1 建设、监理、施工单位应建立健全安全防护用品的购置、发放、领用、验收制度及职业健康管理制度。

12.1.2 建设、监理、施工单位应按《个体防护装备选用规范》(GB/T 11651)和国家颁发的劳动防护用品配备标准,为作业人员配备安全防护用品;安全防护用品须具有产品合格证,严禁使用不合格的防护用品。

12.1.3 施工单位应及时对新进场的作业人员进行安全防护用品使用教育培训;作业人员进入施工现场前,须正确佩戴和使用安全防护用品,具体要求如表12-1所示。

安全防护用品佩戴一览表　　　　　　　　　　　　表12-1

作业部位	工 种	防护用品	备 注
通用作业	电工	安全帽、绝缘手套、电绝缘鞋、防静电工作服	隧道内须穿戴反光衣、口罩
	焊工	安全帽、手套、焊接防护眼镜	隧道内须穿戴反光衣、口罩
	爆破员	安全帽、绝缘手套、电绝缘鞋、防静电工作服	隧道内须穿戴反光衣、口罩
	张拉工	安全帽、手套、防护鞋	隧道内须穿戴反光衣、口罩
	机械操作工	安全帽、耳塞	
桥梁工程	挖孔桩作业人员(孔口)	安全帽、安全带	
	挖孔桩作业人员(孔内)	安全帽、防尘口罩	
	混凝土工	安全帽、手套	
	钢筋工	安全帽、手套	
	架子工	安全帽、安全带、手套、防滑鞋	
	模板工	安全帽、安全带、手套	
	吊装工	安全帽、安全带、手套	架桥机人员
	压浆工	安全帽、护目镜、手套	
路基工程	潜孔钻操作工	安全帽、安全带、护目镜、口罩、防滑鞋	
	混凝土喷浆工	安全帽、护目镜、口罩	防护工程

续上表

作业部位	工 种	防护用品	备 注
路面工程	沥青拌和楼操作工	安全帽、口罩、反光衣、耐高温防护鞋	
	沥青摊铺工	安全帽、口罩、反光衣、耐高温防护鞋	
隧道工程（洞内作业）	钢筋工	安全帽、手套、口罩、反光衣	
	模板工	安全帽、手套、口罩、反光衣、耳塞	
	锚喷工	防尘口罩、安全帽、反光衣、耳塞	
	掘进工	安全帽、口罩、护目镜、反光衣、耳塞	
	瓦斯检查员	安全帽、安全带、绝缘手套、电绝缘鞋、防静电工作服、口罩、反光衣	
交安工程	高处作业人员	安全帽、安全带、反光衣、手套、口罩	
	划标线人员	安全帽、口罩、防护鞋	
机电工程	隧道内高处作业人员	安全帽、安全带、反光衣、绝缘手套、口罩、头戴式电筒	
	其他作业人员	安全帽、反光衣	

12.1.4 场区入口处宜设置安全警示镜及安全防护用品正确佩戴示意图，以助作业人员正确使用安全防护用品（图 12-1）。

图 12-1 安全警示镜

12.1.5 建设、监理、施工单位每年应至少开展一次安全防护用品检查工作，发现异常时，及时进行维修或更换。

12.1.6 职业病防治工作应坚持"预防为主、防治结合"的方针，实行分类管理、综合治理；建设、监理、施工单位应结合实际情况，制定职业病预控措施。

12.1.7 施工单位应定期组织员工进行体检，及时了解员工的健康状态。

12.1.8 建设、监理、施工单位应严格落实《职业病防治法》《用人单位职业健康监护监督管理办法》以及《职业安全健康管理体系 要求》(GB/T 28001)等规定。

12.1.9 鼓励推广采用信息化,当作业人员进入技术复杂的桥梁等区域时,手机会自动接收现场存在危险因素、安全注意事项、预控措施等提示信息。

12.2 个人防护

12.2.1 安全帽

(1)选用的安全帽应符合《安全帽》(GB 2811)的要求,应在有效期内,无外观缺陷等,具体选用规则应参照《头部防护安全帽选用规范》(GB/T 30041)的相关要求。

(2)在使用期限内,每年应对安全帽进行一次定期检查;每次使用前应检查安全帽各部件是否完好、无异常,不应随意在安全帽上拆卸或添加附件,以免影响其原有的防护性能。

(3)佩戴安全帽时,应将帽带扣在颌下并系牢,锁紧帽箍,确保在使用中不会意外脱落(图12-2、图12-3)。

(4)安全帽应保持整洁,不得涂刷油漆或用刀具划、刻;安全帽不得存放在酸、碱、有机溶剂、高温、潮湿或其他腐性环境中,以防老化或变质。

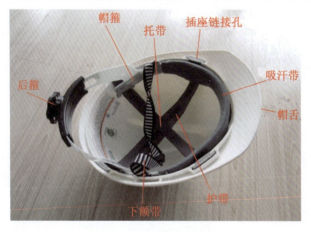

图12-2 安全帽构造图

图12-3 安全帽佩戴示意图

12.2.2 安全带

(1)2m以上高处作业时作业人员应正确使用安全带,并遵循"高挂低用"原则(图12-4、图12-5);使用的安全带应符合《安全带》(GB 6095)相关规定。

(2)安全带有效期一般为3~5年;每次使用安全带前应检查各部位是否完好可靠,要经常检查安全带长绳、缝制部分及挂钩部分有无损坏,发现异常时立即更换或报废。

(3)高处作业时,选择的挂钩点应牢固可靠;若无固定挂处,应设置能供安全带钩挂的安全母索、安全栏杆等,禁止把安全带挂在移动、带尖锐棱角或不牢固的物体上。

(4)安全带不得擅自接长使用,使用3m及以上的长绳时应增设缓冲器(自锁钩用吊绳例外);安全带上的部件不得任意拆除。

图 12-4 双肩式安全带

图 12-5 安全带高挂低用

12.2.3 救生衣

（1）水上作业或乘坐渡船时，人员须穿戴救生衣，救生衣应符合《船用救生衣》（GB4303）相关规定（图 12-6）。

（2）穿着泡沫类工作式救生衣前，应先检查浮力袋、领门带、腰带等是否完好可靠，救生衣若有损坏不得穿戴。

12.2.4 反光衣

隧道施工、夜间施工作业人员及路口交通指挥人员等须穿戴反光衣（图 12-7）。

图 12-6 救生衣

图 12-7 反光衣

12.2.5 防护服

（1）焊接作业时，焊工宜穿着符合《防护服装阻燃防护》（GB 8965）要求的阻燃工作服（图 12-8），电工宜穿着符合《防静电服》（GB 12014）要求的防静电工作服（图 12-9）。

（2）防护工作服不得与有腐蚀性的物品放在一起，存放处应保持干燥通风。

（3）水下作业人员应穿着潜水服，以防潜水时体温散失过快（图 12-10）。

图 12-8　焊工工作服

图 12-9　防静电服

图 12-10　潜水服

12.2.6　防护鞋

（1）作业人员应正确穿戴防护鞋，电工、焊工须穿着符合《个体防护装备　职业鞋》（GB 21146）要求的电绝缘鞋（图 12-11）。

（2）高处作业人员作业时，应穿着有防滑效果的防护鞋。

12.2.7　防护手套

（1）从事焊工作业及接触强酸、强碱材料的作业人员应佩戴防护手套，电工应佩戴绝缘手套（图 12-12）。

（2）防水、耐酸碱手套使用前应仔细检查，不得破损；绝缘手套应定期检验电绝缘性能。

图 12-11　电绝缘鞋

图 12-12　绝缘手套

12.2.8 防护用具

(1)电焊作业人员须配备焊接防护面罩,气焊作业人员应配备焊接防护眼镜(图12-13、图12-14)。

(2)从事金属切割、混凝土、岩石打凿及装饰、打磨等作业的人员须佩戴护目镜(图12-15)。

(3)混凝土作业人员、沥青作业人员、隧道钻孔清渣作业人员须佩戴防尘口罩或防尘面罩(图12-16、图12-17)。

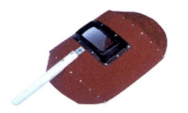

图12-13　焊接防护面罩

图12-14　焊接防护眼镜

图12-15　护目镜

图12-16　防尘口罩

图12-17　防尘面罩

12.3　职业健康

12.3.1　公路工程施工中产生的常见职业病危害因素如表12-2所示,危害因素安全标准值如表12-3～表12-5所示。

12.3.2　工作场所有害物质的测定应按《工作场所空气中有害物质监测的采样规范》(GBZ 159)和《工作场所空气有毒物质测定》(GBZ/T 160)要求执行;在无上述规定时,也可用国内外公认的测定方法执行。

公路工程施工中产生的常见职业病危害因素 表12-2

序号	名称	类别	产生职业病危害因素的作业	可能导致的疾病
1	粉尘	矽尘	挖方工程、土方工程、地下工程、竖井和隧道掘进作业、爆破作业、碎石加工作业等	尘肺病
		电焊烟尘	电焊作业	
		水泥尘	水泥运输、储存和使用	
		其他粉尘	木材加工产生木尘；钢筋、铝合金切割产生金属尘等	
2	噪声	机械性噪声	凿岩机、钻孔机、打桩机、挖土机、推土机、自卸车、起重机、混凝土搅拌机等作业；混凝土破碎机、压路机、摊铺机等作业；混凝土振动棒、圆盘锯、金属切割机、切缝机等作业；构架、模板的装卸、安装、拆除、清理、修复以及建筑物拆除作业等	职业性噪声聋
		空气动力性噪声	通风机、鼓风机、空压机、发电机等作业；爆破作业；管道吹扫作业等	
3	高温	—	建筑施工活动多为露天作业，夏季受炎热气候影响较大，少数施工活动还存在热源（如沥青设备、焊接、预热等）	中暑
4	振动	局部振动	振动棒、凿岩机、风钻、电钻、电锯、砂轮磨光机等手动工具振动的作业	职业性手臂振动病；强烈的全身振动可导致内脏器官的损伤或位移、周围神经和血管功能的改变、腰椎损伤等
		全身振动	挖土机、推土机、平地机、摊铺机、打桩机等施工机械以及运输车辆作业	
5	化学因素	氮氧化物、一氧化碳等有毒气体	爆破作业	化学中毒
		苯、甲苯、二甲苯、四氯化碳、汽油等有机蒸气，及汞等金属毒物	油漆作业	
		苯、甲苯、二甲苯，及汞等金属毒物	涂料作业产生	
		沥青烟等	路面敷设沥青作业	
		锰等金属化合物、氮氧化物、一氧化碳、臭氧等	电焊作业	化学中毒
		硫化氢、甲烷、一氧化碳和缺氧状态	人工挖孔桩和隧道施工作业	

续上表

序号	名称	类别	产生职业病危害因素的作业	可能导致的疾病
6	生物因素	致病细菌、病毒	所进食物被细菌或细菌毒素污染,或食物含有毒素;饮用水不合格	食物中毒
7	其他因素	紫外线	电焊作业	各类放射病(如放射性皮肤疾病、放射性白内障等)
		电离辐射	放射性花岗岩地段施工作业	
		高气压	潜水作业、沉箱作业、隧道作业等高压作业	减压病

工作场所空气中有毒有害物质的容许浓度(单位:mg/m³)　　表12-3

序号	名称	类别		最高容许浓度	时间加权平均容许浓度(8h)	短时间接触容许浓度(15min)
1	粉尘	水泥粉尘(含有10%以下游离SiO_2)	总尘	—	4	6
			呼尘	—	1.5	2
		矽尘	含10%~50%游离SiO_2的粉尘	—	1	2
			含10%~80%游离SiO_2的粉尘（总尘）	—	0.7	1.5
			含80%以上游离SiO_2的粉尘	—	0.5	1
			含10%~50%游离SiO_2的粉尘	—	0.7	1
			含50%~80%游离SiO_2的粉尘（呼尘）	—	0.3	0.5
			含80%以上游离SiO_2的粉尘	—	0.2	0.3
		电焊烟尘	总尘	—	4	6
		其他粉尘		—	8	10
2	有毒物质	一氧化碳(非高原)		—	20	30
		二氧化碳		—	9000	18000
		一氧化氮		—	15	30
		二氧化氮		—	5	10
		二氧化硫		—	5	10
		硫化氢		10	—	—
		苯(皮)		—	6	10
		甲苯(皮)		—	50	100
		二甲苯		—	50	100
		四氯化碳(皮)		—	15	25
		臭氧		0.3	—	—
		溶剂汽油		—	300	450

续上表

序号	名称	类 别	最高容许浓度	时间加权平均容许浓度(8h)	短时间接触容许浓度(15min)
2	有毒物质	金属汞（蒸气）	—	0.02	0.04
		锰及其无机化合物（按 MnO_2 计）	—	0.15	0.45

注：1."其他粉尘"指不含有石棉且游离 SiO_2 含量低于10%，不含有毒物质，尚未制定专项卫生标准的粉尘。
2."总尘"指用直径为40mm滤膜，按标准粉尘测定方法采样所得到的粉尘。
3."呼尘"指按呼吸性粉尘标准测定方法所采集的可进入肺泡的粉尘粒子，其空气动力学直径均在7.07微米以下，空气动力学直径5μm粉尘粒子的采样效率为50%。

工作场所噪声职业接触限值　　　　　　　　　　　表12-4

接 触 时 间	接触限值[dB(A)]	备　注
5d/w，=8h/d（每周5d，每天工作8h）	85	非稳态噪声计算8h等效声级
5d/w，≠8h/d（每周5d，每天工作时间不等于8h）	85	计算8h等效声级
≠5d/w（每周工作不是5天）	85	计算40h等效声级

工作场所紫外辐射职业接触限值　　　　　　　　　表12-5

紫外光谱分类	8h职业接触限值	
	辐照度（μW/cm²）	照射量（mJ/cm²）
中波紫外线（280nm≤λ<315nm）	0.26	3.7
短波紫外线（100nm≤λ<280nm）	0.13	1.8
电焊弧光	0.24	3.5

12.3.3 施工单位应对现场作业健康环境进行辨识评估，对在职业危害工作场所的作业人员进行岗前告知，并设置风险告知牌，注明岗位名称、风险源名称、国家规定的最高允许浓度、监测结果、预防措施等。

12.3.4 对可能造成职业危害的场所应限制工作时间，定期对工作场所存在的各种职业危害因素进行检测，检测结果须符合国家有关标准要求方可进行作业。

12.3.5 粉尘作业施工场所应加强机械通风除尘，降低空气中的粉尘浓度，必要时采用雾化水进行降尘处理。当作业人员发生头晕、胸闷等不适反应，应及时撤离到通风良好、空气清新区域休息，用清水冲洗口、鼻，有条件给予吸氧。

12.3.6 作业人员进入噪声区域应佩戴耳塞，在噪声较大区域连续工作时，宜分批轮换作业。当作业人员发生噪声危害症状时，应迅速撤离至安静的地方休息；造成耳朵听力下降、身体不适等情况须到医院接受治疗。

12.3.7 高温季节作业时，施工单位应配备必要的防暑降温药品、措施，合理安排作息时间。当有先兆或轻度中暑时，应将患者迅速移至阴凉通风处休息，给予清凉饮料、人丹等解暑药物；重度中暑者应及时送往医院抢救治疗。

12.3.8 在隧道等通风不良的场所进行沥青摊铺作业,以及在易产生或存在一氧化碳、瓦斯、沼气等有害气体的场所作业时,应采用机械通风。当作业人员发生轻度中毒时,应迅速将患者移至通风、阴凉、干爽的地方,密切观察意识状态;发生中度、重度中毒者应及时送往医院抢救治疗。

12.3.9 焊接操作人员应遵守安全操作规程,正确佩戴防护眼镜、面罩、口罩、手套等安全防护用品,尽量使用低尘低毒焊条或无锰焊条。

12.3.10 在有辐射地段的隧道施工作业的人员应穿着成套防辐射工作服,并配备个人剂量计,保证其所受的射线计量每年不超过5雷姆(50mSv)。若作业人员出现头晕、皮肤有红斑、瘙痒等症状时,应及时到医院治疗。

12.3.11 从事潜水作业、沉箱作业、隧道作业等高压作业的人员应身体健康、经验丰富,水下作业人员须经过正规训练。当作业人员出现头痛、呼吸困难、皮肤刺痛、咳嗽、胸痛等症状时,应及时到医院治疗。

12.3.12 施工单位不得安排有职业禁忌的劳动者、未成年工或者孕期、哺乳期女职工从事接触职业病危害的作业或者禁忌作业。登高人员年龄宜控制在28~45周岁,严禁酒后登高作业;从事井下、高空、高温、特别繁重体力劳动或其他有害身体健康的工作,应按国家有关规定执行。

12.3.13 在工作中如发生其他职业危害,应参照国家及地方相关法律法规的规定进行预防。

专 业 篇

13 路基工程

13.1 一般规定

13.1.1 路基工程应控制施工可能导致周边环境受到影响或发生不利事件的安全风险。建设单位组织的设计安全交底中应明确施工现场及毗邻区域内地下管线、地下工程、相邻建筑物和构筑物的有关资料,提供并保证资料的真实、准确、完整,施工单位在开挖过程中应小心验证资料的真实性、准确性。

13.1.2 施工单位应对工程影响范围内的周边环境进行全面核查,当实际状况与设计出入较大时,建设单位应组织设计、施工等单位补充完善工程措施。

13.1.3 高边坡等工程应进行施工安全风险评估,编制相应的总体、专项风险评估报告,并组织专家评审。施工单位还应对危险性较大的滑坡处理和填、挖方路基工程编制专项施工方案,按照规模程度组织专家审查、论证[详见《公路工程施工安全技术规范》(JTG F90)附录A]。

13.1.4 路基施工前,应掌握影响范围内架空、地下埋设的各种管线情况并做好标识,并与管线产权单位对接沟通,方案报产权单位批准后,采取移出、保护或加固措施。

13.1.5 岩溶地区施工前应根据洞穴的位置和分布情况,设置警示标志和防护设施。填筑前应先疏导、引排对路基稳定有影响的岩溶水、地面水。

13.1.6 对路基沿线穿过的乡镇道路,道路两边进行围闭并设置交通警示标志。

13.1.7 应做好施工期临时排水设施总体规划,与永久性排水设施综合考虑,并与工程影响范围内的自然排水系统相协调,预防雨季发生泥石流风险。

13.2 安全要点

13.2.1 一般填、挖方路基

(1)施工现场作业区应设置完善的警示标牌,作业期间必须有现场管理人员监护管理。

(2)机械作业范围内不得同时进行人工作业。多台机械同时作业时,各机械(平地机、压路机等)之间应保持安全距离,前后间距应不小于8m,左右间距应大于2m。两台以上压路机同时作业前后间距不得小于3m(图13-1),坡道上纵队行驶时,间距不得小于20m。

(3)自卸式运输车辆必须按规定吨位装载,不得超载、超高。严禁车厢处于举升状态离场。翻斗内严禁载人。

(4)边缘地段上作业的机械应采取防止机械倾覆、边坡坍塌的安全措施。

(5)挖方施工中发现危险品及其他可疑物品时,应立即停止施工,按照规定报请有关部门处理。

图 13-1　多压路机同时作业

(6)路堑开挖应采取保证边坡稳定的措施,开挖应分级开挖,边坡有防护要求的应开挖一级防护一级,且应自上而下开挖,不得掏底开挖、上下同时开挖、乱挖超挖。两台及以上挖掘机开挖、装运作业时,应有现场管理人员,防止抢装抢运,并保持通道畅通(图 13-2)。同时应做好坡顶、坡面监测,并采取临时排水措施,及时清除地表水和不稳定孤石。

(7)结构物台背回填区不宜采用重型压路机碾压。

(8)填挖交界处应保持施工通道平顺、畅通,确保行车安全(图 13-3)。

(9)路基土石方爆破按照本指南 7.1 要求执行。

图 13-2　挖方段施工

图 13-3　填挖交界通道维护

13.2.2　软基处理

砾(碎)石桩、水泥搅拌桩、塑料排水板、水泥粉煤灰碎石(CFG)桩、静压管桩、旋喷桩、塑料套管桩等专项机械处理的软基路段施工,其工作垫层的厚度、压实必须满足设计要求,为软基处理施工机械提供一个平整、稳固的安全工作面,并满足以下要求:

(1)施工前对周围环境进行详细调查,查明施工区(高空、地面、地下)有无妨碍打桩的障碍物,对影响施工的因素采取必要的处理措施。

(2)现场入口边设置施工标志牌、明示安全要点,现场机械悬挂安全警示牌。现场临设、机具按批准的总平面布置图布设,工具、材料分规格堆放整齐,并进行分类标识。

(3)移动式电气机具设备应用橡胶电缆供电,并注意经常理顺电线。跨越道路时,应埋入地下或做穿管保护。必须由专业电工进行检修或操作。

(4)强夯机、水泥粉煤灰碎石桩(CFG)施工机械就位后,应将机架摆放平整、稳定(图13-4),并采取止动措施。

(5)强夯路段两侧50m以外设置警示牌,非工作人员严禁进入强夯区域(图13-5)。强夯机操作室前应安装牢固的安全防护网,注意检查滑钩、钢丝绳等。机下施工人员应距离夯点30m外或站在夯机后方。

图13-4 CFG桩施工现场

图13-5 强夯施工现场警戒示意图

(6)强夯作业对临近居民区、既有建(构)筑以及宜受振动影响区域产生振动或损坏时,必须采取必要的减振措施加以防护。

(7)旋喷桩喷浆作业时,应注意压力表变化,出现异常时,应停机、断电、停风,并及时排除故障。故障处理结束,在开机送风、送电之前,应通知有关作业人员,防止有人处于危险位置而因突然开机受到伤害。作业区内严禁在喷浆嘴前方站人。

(8)静力压桩机作业前,应检查并确认各传动系统、起重系统及液压系统等运转良好,各部件连接牢固。作业时,应有专人统一指挥,压桩人员和吊桩人员应密切联系,非工作人员应离机10m以外。

(9)真空预压密封沟开挖宜采用机械开挖,开挖深度超过1.5m时,严禁人员进入沟底作业。

13.2.3 高边坡防护

(1)边坡防护作业及挡墙施工应设警戒区,并应设置明显的警示标志。

(2)作业的机械设备布置在安全地段。每次使用前进行安全检查,满足安全要求后方可使用。

(3)喷混植生作业应满足高空悬挂施工安全要求：

①使用吊绳（操作绳）规格不低于18mm/24000N，吊绳顶端锚固牢靠；吊绳靠沿口处应加垫软物，防止因磨损而断绳，绳子下端一定要接触地面，放绳人也应系临时安全绳（图13-6）；

②悬挂作业操作人员应无高血压、心脏病等不适宜高处作业症状，并能正确熟练地使用保险带和安全绳；

③每天作业前，必须检查相关的安全绳、安全带、悬挂装置及其平衡机构，确认完好才能进行作业，严禁超载或带故障使用任何器具。

图13-6　喷混植生施工悬挂边坡吊绳

(4)挡土墙、护面墙及锚固工程高度超过2m作业应设置脚手架（图13-7），并应符合本指南6.8有关要求。操作平台外侧必须按规范搭设防护栏杆，拆除脚手架时，严格按照拟定拆除次序拆除。

(5)高处运送材料宜使用专用提升设备（图13-8），并遵守安全操作规定。避免上下交叉重叠作业，无法避免时，必须上下错开一定的安全距离，上层作业区边缘增加挡渣板等防护设施。不得自上而下顺坡卸落、抛掷砌筑材料或工具。

图13-7　边坡锚固工程挂脚手架　　　　图13-8　边坡支挡物料提升机

（6）高边坡工程作业应设置专职安全员（监护），随时检查岩面松动石块、支架松动等安全隐患，发现问题及时解决。

（7）锚杆（索）造孔采用风动钻进时，应采取必要的除尘措施。灌注浆液作业，安装压力表和安全阀，使用过程中如发现破损或失灵时，立即更换。不得在喷头和注浆管前方站人。

（8）锚索（杆）张拉作业应设警戒区，操作平台应稳固，张拉设备应安装牢固，张拉过程中操作人员不得离岗，千斤顶后方不得站人。

（9）抗滑桩施工作业前，应当编制专项施工方案。

①施工单位应当落实专职安全管理人员对滑动面、滑坡体进行检测，明确警戒范围，设置警示标志；

②人工挖孔抗滑桩开挖采取跳挖，不得同时开展施工；

③其他要求见本指南14.4和7.3有关要求。

13.3 安全设施

13.3.1 施工作业区域应按规定设置警戒区，警戒区周围醒目处应设置"施工重地闲人免进""注意安全""前方施工"等警告、警示标志。

13.3.2 软基处理、高边坡注浆作业人员以及潜孔钻钻孔操作人员应佩戴护目镜、防护口罩。

13.3.3 2m及以上高处作业应设置作业平台，作业平台应满铺脚手板，并设置上下爬梯、防护栏杆；一级边坡张拉作业时，应设置张拉挡板。

13.3.4 高边坡施工应进行施工监测，提前预警预报。

13.3.5 按照工程规模、便道交通情况，建议推广无人机等技术快速监测全线路基施工状况，图像识别定位风险点。

14 桥涵工程

14.1 一般规定

14.1.1 桥梁工程应按要求进行施工安全风险评估,编制相应的总体、专项风险评估报告,并组织专家评审;施工风险评估应根据桥梁工程具体特点及环境进行。

14.1.2 施工单位还应对涉及危险性较大基坑基础、大型临时工程及桥梁专项工程编制专项施工方案,并按照规模程度组织专家审查、论证[详见《公路工程施工安全技术规范》(JTG F90)附录A]。

14.1.3 专项施工方案应包含针对性强的技术分析及安全技术控制措施,监理工程师应严格审查安全生产条件。

14.1.4 开工前,施工单位应根据建设单位提供的施工现场及毗邻区域内水、电、气、通信等地下管线资料进行复查并做好标识,采取移出、保护或加固措施,确保管线安全。

14.1.5 作业使用的机械、特种设备应符合其安装、维护、使用、检验和拆除等管理规定,确保处于良好状态。施工单位应根据安全操作规程在施工现场设置安全操作规程牌进行明示。

14.1.6 特种作业人员应经过专业培训、持证上岗。进入施工现场的人员应按规定佩戴、使用劳动安全防护用品。

14.1.7 分部分项工程开工前,应进行三级安全技术交底。工班长每天班前会应组织进行危险告知。

14.1.8 新建涉铁、涉路及涉航桥梁时,应向所属相关管理部门办理行政审批。施工方案、保通方案必须满足安全施工及安全通行运营相关标准、法规及地方规定要求,安全技术评价由第三方评价机构按相应管理办法完成。

14.1.9 特大桥及上跨高速公路施工应安装视频监控,监控点选施工人员集中进出口、挂篮后锚固区、跨线点车辆过孔等位置。

14.1.10 施工单位应及时掌握气温、雷雨、台风等预报,做好安全防范工作。雷暴及6级及以上大风等恶劣天气时,应立即停止高处露天作业、缆索吊装及大型构件起重吊装等作业。

14.2 明挖基础

14.2.1 安全要点

（1）岩石基坑爆破开挖按照本指南 7.1～7.4 有关要求；软土基坑或需支护结构防护时，应编制专项施工方案；临近其他构造物或管线，还需有监控措施并做好各阶段检查记录；开挖影响既有道路车辆通行时，应编制交通疏解方案。

（2）采取挖土机械开挖基坑，坑内不得有人作业。必需留人在坑内操作时，挖土机械应暂停工作。

（3）在坑槽边缘 1m 内不准堆土或物料、1～3m 间堆土高度不得超过 1.5m、4m 内禁止停滞车辆、设备。

（4）开挖人员不得站在坑壁下休息。积水基坑必须降排至满足通行要求，严禁用电设备电缆线浸水。

（5）吊车吊送模板、钢筋物料时，应先组织基坑内作业人员避让。

（6）浇筑承台混凝土时，不得直接站在模板、钢筋上操作。

（7）基坑顶面四周应开挖排水沟，防止地表水流入基坑，排水沟应满足施工、防汛要求。

14.2.2 安全设施

（1）基坑开挖深度超过 2m 时，必须设有临边防护栏杆，挂过塑钢丝网，基坑防护栏距坑边距离不小于 0.5m，深基坑防护栏距坑边距离不小于 1m。防护栏杆高度不小于 1.2m，立杆间距不大于 2m。立杆和扶杆宜采用钢管制作，并涂上红白或黄黑相间的反光漆（图 14-1）。

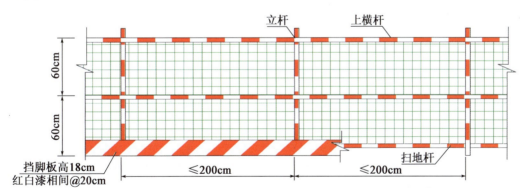

图 14-1 防护栏杆立面图

注：临边采用红白或黄黑反光漆@20cm 涂装钢管＋防护网，下方通行时加挡脚板。

（2）基坑开挖深度超过 1.5m 时，须设置专用坡道或铺设跳板以便人员上下，坡道或跳板的宽度应超过 0.6m。

（3）基坑护栏上挂"施工重地、闲人免进""当心落物""当心坠落"等警示标识，靠近道路侧应设置安全警示标志和夜间警示灯带。

(4)基坑位于现场通道或居民区附近时,应设置隔离设施、安全防护设施及警示标志,夜间应增设警示红灯。

(5)低洼处雨季施工,须配备抽排水设备。

14.3 钻孔桩

14.3.1 安全要点

(1)在高压线下桩基施工应满足安全距离规定,钻机塔顶和吊钢筋笼的吊机桅杆顶上方2m内不准有任何架空障碍物。

(2)钻机安设应平稳、牢固,电缆线不得浸泡于泥浆,接头应绑扎牢固,不得透水、漏电。

(3)冲击钻作业发生卡钻时,不得强提,应查明原因并处理。停钻时,钻头、钻杆应置于孔外安全位置。钢丝绳安全系数不应小于12,日常检查应无死弯或断丝,发现断丝大于10丝时应更换,钻架上滑轮的轮缘破损时必须更换。

(4)回旋钻机钻进时,高压胶管下不得站人;水龙头与胶管应连接牢固;钻机旋转时,不得提升钻杆。

(5)旋挖钻施工前应对工程地质进行可钻性分析;钻进工作中,指示灯不正常闪亮时,应停机检查,修好后方可继续工作。

(6)在岩溶区及地层复杂区域施工中,应核对地质勘查资料,有疑问时应补充完善地质资料;发生漏浆及坍孔等,应立即停止作业,采取保证平台、钻机和作业人员安全的措施。

(7)桩基施工完毕后,应及时清运泥浆并回填。

14.3.2 安全设施

(1)施工作业区域应设置警戒区,桩基孔口设置"["型围挡。

(2)钻孔桩孔口泥浆池周边应设置防护栏杆,挂设过塑钢丝网,并设置安全警示标牌(图14-2)。

(3)冲击钻机的卷扬机应制动良好,钻架顶部应设置行程开关。钢丝绳夹数量应与钢丝绳直径相匹配,并应设置保险绳夹。

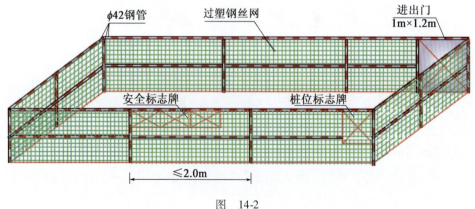

图 14-2

图 14-2　泥浆池防护图

注：泥浆池设置双横杆钢管防护栏，栏杆柱打入地面深度不少于0.5m，活动门部位埋深0.3m，防护栏埋设距泥浆池边缘不小于0.5m，立柱间距2.0m，防护栏杆设置过塑钢丝网，挂设安全标志牌及桩位标识牌。

（4）钻机皮带转动部位应设置防护罩，使用的电缆线须是橡胶防水电缆。

（5）钢筋笼下放应采用专用吊具。

（6）桩基灌注时，应采取措施避免混凝土搅拌车出料槽与料斗碰撞；孔口应设防坠落设施。

14.4　挖孔桩

14.4.1　安全要点

（1）不得在地下水位高（特别是存在承压水时）的砂土、厚度较大的淤泥和淤泥质土层中进行挖孔桩施工。挖孔作业前，应根据地质、地下水情况编制专项施工方案，超过15m或地质条件复杂时须经专家论证、审查。

（2）傍山地段进行挖孔桩作业前，应仔细检查和清除陡坡上的浮石，必要时须设置防滚石措施，雨后应检查边坡的稳定情况；并完善截排水措施。

（3）挖孔桩作业时须采用跳挖方式开孔。

（4）挖孔桩作业时应持续通风，进入桩孔前应先通风15min以上，并经检查确认孔内空气符合规范要求；在含有毒有害气体的地区进行孔内作业，应至少每2h检测一次有毒、有害气体及含氧量。

（5）当采用混凝土护壁时，应随挖随护，每一循环进尺不得超过1m，开挖后必须随即进行混凝土护壁施工。

（6）对采用的电动卷扬机吊绳、连接部件和料桶必须设置牢固，卷扬机制动、止锁装置完好。吊运渣土时，孔内作业人员应暂停作业，并站在半圆形防护板正下方。

（7）孔口作业人员应密切监视孔内的情况，并积极配合孔内作业人员进行工作，不得擅离岗位；作业人员上下桩孔应采用专用软梯，不得随吊桶上下桩孔；离开前必须用盖板将孔口覆盖。

14.4.2 安全设施

(1) 人工挖孔桩孔口护壁应高出地面30cm以上,井口硬化宽度不小于60cm,周边应设置活动式U形护栏。孔口区域须设置护栏围挡,挂过塑钢丝网,并设置相关的安全警示标牌(图14-3)。

图 14-3　挖孔桩钻机及临边防护

(2) 起吊设备须设置有效可靠的限位器及防脱装置,并采取有效可靠的防倾覆措施,安全系数不小于2。

(3) 现场应配备气体浓度检测仪器用于检测孔内气体浓度。

(4) 挖孔桩内须配备专用安全软爬梯,爬梯宽度宜为0.5m,步距宜为0.3m,承载力应不小于2000N。

(5) 当挖孔至5m以下时,应在孔底面上3m左右处的护壁上设置半圆形防护板,防护板固定牢靠,防护板可采用钢板或密眼钢筋网制作(图14-4)。

(6) 孔口覆盖采用钢筋网片,同时设置安全警示标志(图14-5)。

(7) 桩孔内应设防水带罩灯照明,应采用安全电压及防水绝缘电缆。

图 14-4　挖孔桩内半圆形防护板　　　　　图 14-5　钢筋井盖平面图

14.5 围堰

14.5.1 安全要点

(1)围堰工程专项施工方案应包含安装及拆除安全措施,围堰顶高程、支撑系统须经计算确定,其强度、刚度、稳定性必须满足施工过程中的安全要求。

(2)插打钢板桩或起吊钢套箱时,必须有专人统一指挥,应做到平稳、均衡(图14-6)。

(3)钢板桩起吊前,应检查有无裂缝,吊起的钢板桩未就位前桩位附近不得站人(图14-7)。

图14-6　套箱围堰吊装

图14-7　钢板桩插打

(4)钢板桩拔桩时,桩头夹持部位如有孔洞应焊加强板或沿孔洞以下割平,严防拔断钢板桩,同时,不得在夹持器和桩的头部之间留有空隙。应待振动桩锤启动运转振幅达到规定值后,方可起吊。当振幅正常后仍不能拔桩时,应改用功率较大的振动桩锤。

(5)钢套箱就位后应及时与桩基钢护筒连成整体。封底混凝土强度、厚度、平整度符合设计规定后方可进行排水,排水不应过快并应加强监测套箱变形情况。

(6)筑岛围堰施工安全要点可参照本指南14.2相关要求执行。

(7)围堰内作业时,对围堰构造物做好监测,并及时掌握水情变化信息,遇洪水、台风、风暴潮等极端情况,应立即撤出人员;水中围堰抽水应及时加设围檩和支撑系统。

14.5.2 安全设施

(1)钢套箱就位后,箱顶应设置人行通道,人行通道应满铺并设置防护栏杆;套箱围堰应设置人员上下安全通道;同时,必须采取防撞措施,设置"前方施工、减速慢行""注意安全"等安全警示标志,防止往来船只碰撞,及时清理堆积漂流物。

(2)钢板桩围堰施工悬挂振动桩锤的起重机,其吊钩上必须有防松脱的保护装置。振动桩锤悬挂钢架的耳环上应加装保险钢丝绳。

(3)在通航河流施工时,应按照海事部门划定的安全作业区域设置有关安全警示标志和航标船。

(4)围堰支撑拆除时,应有足够的脚手板、扶梯和救生设备等安全防护设施(图14-8)。

图14-8 围堰支撑结构

14.6 墩柱(台)、塔柱

14.6.1 安全要点

(1)翻模、爬模、移动模架施工的实心或空心钢筋混凝土墩(塔)工程,应根据工程的现场条件编制专项施工方案并经专家论证、审查,安全要求见本指南6.1~6.4相应内容。

(2)模板、钢筋笼吊装前,吊装机械就位应平稳、牢固,吊装所用的钢丝绳、卸扣要满足吊装的安全要求,吊点须合理、牢固。

(3)钢筋绑扎及安装作业时,严禁作业人员翻爬或站立在骨架上作业;作业人员不得攀爬脚手架以及防护栏杆,严禁随意向下投掷工具、杂物。

(4)墩柱钢筋骨架及模板应设置临时支撑,防止倾覆。墩柱钢筋笼设立完成后,每8~12m设置一道风缆,每增加10m高度增设一道风缆,钩挂在环向加强筋上,后续工序中转移到模板相近高度;模板上的螺栓数量及安装要求严格按照施工方案的要求执行。

(5)盖梁施工采用"摩擦钢抱箍托架法"时,新加工的抱箍(图14-9)应进行预压试验,检验抱箍的承载力;抱箍安装应采用力矩扳手确保高强螺栓紧固满足要求,紧固的螺栓数量须满足施工方案要求;采用"剪力销托架法"时,剪力销直径及外露尺寸应满足施工方案要求(图14-10)。盖梁托架不得使用千斤顶作为支承设施。

(6)盖梁施工托架支撑的横梁为工字钢(或其他型钢)时,可采用中穿对拉螺栓的钢管支撑,防止工字钢横梁产生侧向倾覆;横梁为拼装贝雷梁时,不得遗漏未拧螺栓,并应安装花窗或剪刀撑,增加稳定性、防止倾覆。

(7)墩(塔)柱、盖梁混凝土浇筑时,应有专人进行监测观察,混凝土每次浇筑高度和速度严格按照施工方案执行,防止爆模;发现模板、支架以及支撑体系出现位移、变形等异常情况,及时撤离人员,查明原因后进行校正和加固。

(8)应利用盖梁支架平台和脚手架等施工通道,紧跟施工防震挡块、支座垫石。

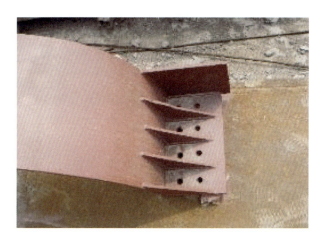
图14-9 钢抱箍

图14-10 剪力销托架

14.6.2 安全设施

（1）施工作业现场外围须设置警戒区，设立安全警示标志标牌，禁止无关人员进入施工现场；索塔施工中，通往索塔人行通道的上方应设防护棚。

（2）施工前，必须设置安全爬梯；墩身高度不超过5m的，须设置带护笼的直爬梯或"之"字形爬梯；墩身高度在5~40m时，必须设置标准梯笼（图14-11）；墩身高度在40m以上的，宜安装附着式施工电梯，相关要求见本指南4.7。

（3）施工作业时须搭设作业平台，平台宜采用支架、预埋托架搭设，宽度不应小于50cm，并且平台应铺满木板或脚手板，有坡度的须设置防滑条。

（4）墩身钢筋绑扎高度超过6m应采取临时固定措施；模板工程应设置防倾覆设施，如缆风绳。

（5）盖梁平台四周应设置防护栏杆，防护栏杆应由上中下三道横杆组成，上杆离平台面1.5m，每道横间距0.5m，立杆间距不应超过2m，立杆采用钢管制作，刷红白或黄黑相间油漆（图14-12）。

图14-11 标准梯笼

图14-12 脚手架和平台临边防护

(6)高墩翻模、爬模随升安全护栏应采用定制钢护栏,护栏高度不小于1.5m,并配置消防器材。

14.7 水上作业

14.7.1 安全要点

(1)开工前,应报告当地海事或港航监督部门,办理《水上水下施工作业许可证》。

(2)参与本项目建设的各类施工船舶(包括配合施工作业的交通船、运输船等)必须符合沿海航区的安全要求,同时必须持有各种有效证件,按规定配齐船员。

(3)施工使用船只接送人员或运送物料时,严禁超员、超载。

(4)凡进行舷边等防护不严密等水上作业行为时,作业人员必须穿戴好救生防护用品;船舶作业过程中严禁超载。

(5)水上工况条件超过施工船舶作业性能时,必须停止作业。

14.7.2 安全设施

(1)水上作业栈桥及平台相关要求见本指南1.6相关要求。夜间施工时,栈桥两侧沿防护栏杆交错设照明灯,间距15m;必须在栈桥首尾及每间隔20m悬挂红色闪烁警示灯(图14-13)。

(2)水上作业船舶要按照规定配备消防、通信、救生以及堵漏应急设备。

(3)上下船舶应当搭设跳板,跳板下宜挂安全网(图14-14);使用舷梯应当控制舷梯的升降速度,升降时舷梯上严禁站人,踏步应设置防滑装置。

图14-13 水上作业临边防护

图14-14 上下船跳板

14.8 预制梁安装

14.8.1 安全要点

(1)应根据预制梁结构特点和现场环境状况编制运输和架设方案,尤其注意选择合适的吊装机械、运输车辆和配套设备;长度不小于40m的预制梁运输与安装专项方案须经专家论证。

(2)梁板架设所采用的起重设备,应满足施工方案要求并持有有效的出厂合格证、检验合格证、使用登记证等证书。特殊工种作业人员必须持证上岗,并组织相关作业人员进行安全技术交底。

(3)梁板运输在运梁前应对运梁设备、道路(轨道)进行检查;首次运梁应有技术人员全程监控。

(4)梁板运输时,应满足以下要求:

①运输通道应保持平顺、通畅:运输通道宽度不应小于4m,横坡坡度不宜大于2%,纵坡坡度不应大于4%,保证运梁时不倾覆;

②运梁时,梁板应支垫、支撑、捆绑牢固,并安排专人监控;

③运梁车在上下坡、停放或喂梁时,轮胎最前端应采取防滑、防遛措施;

④运梁炮车应采用前后双制动刹车并配备相应数目的垫木,行驶速度不宜超过3km/h,运梁炮车驾驶员须有一定操作驾驶经验,信号工须持有相应有效的证件;

⑤运梁炮车应设置警示标志及警示灯,跨国道、省道时须进行警戒;

⑥运梁炮车不得在裸梁上行走;若需通过裸梁时,裸梁上应采取防护措施,梁端接缝处应垫一定厚度的钢板,炮车轮胎不能走在翼板位置,以确保梁板的实体结构安全。

(5)架桥机就位后,前后支点支腿不得直接放置在未硬化处理的台背回填上,防止沉陷。

(6)为保证架梁的质量和安全,操作人员应为专业队伍。每次架梁作业前应对起重设备进行安全检查,重点应检查各操作系统、移动系统、安全系统(力矩限制器、变幅限制器等)运转是否正常,同时应检查钢丝绳、轧头、吊钩、滑轮组等是否符合规定(图14-15)。架梁作业时应设专人指挥,按预定的施工顺序进行。

(7)使用钢轨轨道的,钢轨的两侧必须设置限位装置,并经常检查其完好性。滑轮运转不正常时,应立即停止作业并进行检查。钢丝绳必须每天检查。

(8)梁板在架桥机上纵、横向移动时,应平缓进行。起吊或落梁时应平稳匀速进行,卷扬机操作人员应按指挥信号协同动作(图14-16)。

图14-15 架桥机安装检查

图14-16 架桥机过孔

(9)采用移动吊车双机联吊(图14-17)属于关键性吊装,吊装前应组织相关人员查看现场,方案应经过吊装司机确认。起吊时保持通信、信号明确。

图14-17 双机联吊

(10)梁板就位后应及时固定,并与先安装的梁板形成横向连接;运梁、架设应在相邻梁板之间的横向主筋焊接完成后实施。

(11)T梁先简支后连续体系转换负弯矩区张拉、压浆时,狭小空间及悬空作业应满足《建筑施工高处作业安全技术规范》(JGJ 80)有关要求;悬挂、悬挑操作平台应专门设计并满足安全要求(图14-18)。平台上操作人员不大于2人,且必须系安全带。

(12)夜间、6级(含)以上大风等恶劣气候时,不得进行架梁作业。

图14-18 悬挂式操作平台

14.8.2 安全设施

(1)梁顶面梁板运输时,梁端应设钢板或便桥,桥面应设置梁板运输的专用通道(图14-19)。

(2)架梁时作业人员行走的通道,必须采取防护措施,确保施工安全;深水施工,应备救护用船。

(3)前后支点处须用枕木或及型钢组合支撑,墩顶两侧应用风缆固定。

图 14-19 梁顶面梁板运输通道

（4）吊装前，应检查安全技术措施及安全防护设施等准备工作是否齐备，检查设备状况、支撑环境是否满足要求，严禁无准备盲目施工。

（5）梁、板构件移动吊点位置应符合设计规定，经冷拉的钢筋不得用作构件吊环，吊环应顺直，吊绳与起吊构件的交角小于60°时应设置吊梁或起吊扁担。

（6）吊移高宽比较大的 T 形梁和 I 形梁，应采取防止梁体侧向弯曲的有效措施。

（7）梁板安装作业时，须安排专职安全员进行现场监督。作业过程中，地面应设警戒区，周围应设置"施工重地 闲人免进""注意安全""当心落物"等警告标志，由专人值守禁止非施工人员进入。在道路、航道上方进行梁板安装或架桥机移跨过孔时，须设临时交通管制措施，严禁行人、车辆和船舶在桥梁下方通行。

（8）每跨梁板安装完成后应及时设置临边防护栏杆，并在湿接缝、整体式桥梁中央分隔带处设置防坠、防落网；梁板顶面如有预留孔，应设置防护栏杆或盖板；防护栏杆上应设置"禁止翻越""当心坠落"等警示标志（图14-20）。

图 14-20 桥面临时防护栏及安全标志牌

14.9 现浇梁板

14.9.1 安全要点

(1)应根据现浇梁结构特点和具体环境状况选择支架类型,按《公路工程施工安全技术规范》(JTG F90)附录 A 要求编制专项施工方案,支架基础和结构应经过计算,并符合规范和设计要求。

(2)软基路段、半挖半填区施工支架方案宜使用钢管桩基础及贝雷片或工字钢支撑体系、混凝土基础(图 14-21、图 14-22),采用满堂支架方案必须进行沉降计算,并充分考虑雨季及施工期的影响。

图 14-21　钢管柱 + 贝雷梁支架组合支撑

图 14-22　临时基础检查

(3)支架搭设前应按规范要求对地基进行压实、硬化处理,周边设置排水沟。大雨后须对地基及排水系统进行检查,及时排除积水;对已掏空的地基应进行压浆处理,并重新进行地基承载能力检验。

(4)高处、复杂结构模板的安装与拆除,须专人指挥,并在工作区域进行临时围挡,禁止人员过往。

(5)支架搭设完成后应进行验收,并按要求进行逐孔预压,加载的顺序和重量应符合施工方案要求,预压荷载宜为支架需承受全部荷载的 1.05～1.10 倍。

(6)其他要求按照本指南 6.1、6.6 及 6.7 要求执行。

14.9.2 安全设施

(1)搭设和拆除支架应设置警戒区,张挂警示标志,禁止非操作人员通行,并有专人负责警戒。

(2)现浇梁翼板边侧应搭设高度不小于 1.50m 的安全防护栏,侧面应满挂过塑钢丝网,并在合适位置设置"禁止攀登""当心坠落"等警示标志。

(3)现浇梁施工时,应搭设安全爬梯,具体要求见本指南 6.9。

(4)夜间施工时,各项工序或作业区的结合部位应有明显的反光标志,施工人员应穿戴反光衣。

(5)跨路支架现浇施工,应采取防落、防撞措施及交通疏导标志,并满足本指南9的要求。

14.10 悬臂施工

14.10.1 安全要点

(1)悬臂现浇箱梁施工须编制专项施工方案,悬浇施工的挂篮、0号块支架(托架)、边跨支架、合龙段吊架等临时支撑结构应进行专项设计,并应对临时支撑结构的强度、刚度和稳定性进行验算,抗倾覆安全系数应大于2;支撑结构体系搭设完成后须进行预压。

(2)后锚扁担梁精轧钢应拧出螺母3cm以上,并应进行双螺帽安全设置,同时防止精轧螺纹钢受弯折。

(3)挂篮滑道铺设应牢固、平整、顺直,前移行走设专人指挥,挂篮前移过程中应保持同步、平稳。挂篮行走过程中,不得有任何人员站在挂篮上。挂篮行走调试到位后,作业人员才能进入箱梁作业。

(4)挂篮应派专人进行日常安全检查,重点检查图14-23所示部位。

图14-23 挂篮重点安全检查部位

(5)箱梁0号块预留检查孔,并安装爬梯,便于人员从内部走到挂篮吊点工作面。

(6)雨天或风力超过挂篮设计移动风力时,不得移动挂篮。

(7)悬臂拼装施工应按照专项施工方案执行;节段梁起吊前,应对起吊机具设备及节段梁进行全面检查、验收,并进行试吊;起吊时节段梁应保持平衡稳定;在接近安装部位时,不得碰撞已安装就位的构件和其他设备设施;运送节段梁的车辆(或船只)在节段起升后应迅速撤离。

（8）挂篮施工其他要求应按照本指南6.1和6.5相关内容执行。

14.10.2　安全设施

（1）悬浇施工时挂篮底篮、上横梁及其通道周边应设置临边防护设施，已完成的上部结构临边应设置防护栏，在护栏上设置"当心坠落""禁止翻越""禁止抛物"等警示标志（图14-24）。

（2）在通航河流、公路、铁路、人行通道上方作业时，挂篮下应采取防坠物措施（兜底挂篮、防护棚等）。

图14-24　挂篮防护设置

14.11　桥面系

14.11.1　安全要点

（1）作业人员穿越中分带时应走专用通道，不得跨越左右幅间空隙。

（2）护栏施工过程中，严禁在高处直接向下抛物；施工结束后应及时做好作业面的清场工作。

（3）桥面临时用电，严格按照"三级配电、两级保护"及"一机一闸一箱一漏"的要求落实。

（4）桥面材料及机械设备的堆放，必须进行规划，并报监理审批，堆放处应进行安全围避和设立警示标志，严禁乱堆乱放。

（5）各工序施工结束后，应及时做好作业面的清场工作。

14.11.2　安全设施

（1）桥头两端设警示标志、栅栏，非施工人员严禁入内。

（2）桥面应按规定做好临边防护，防护栏杆的高度不小于1.2m，栏杆上设置密目安全网、"当心坠落"等警告标志，桥下有人、车通行处应设置挡脚板。

（3）在面层施工前须临时通车的，伸缩缝位置应采用钢板覆盖或用土工布包裹素混凝土封闭等措施，以便于通行。

(4)防撞栏施工应采用"移动工作架",满足安装模板、浇筑混凝土工作人员安全防护的需要(图14-25);特长桥梁可采用混凝土护栏滑模施工(图14-26)。

图 14-25 混凝土护栏移动平台施工

图 14-26 混凝土护栏滑模施工

(5)防撞栏施工过程中,桥梁下方有人、车通过时,桥下应设警戒区,在适当位置设置"施工重地,闲人免进""当心落物"等警告标志,施工时设专人监护。

(6)桥面伸缩缝安装应分左、右幅交替封闭交通施工,并设置安全警示及交通指引标志。

(7)桥梁内防撞栏施作完成后,宜设置专用安全通道,以供作业人员通行(图14-27)。

(8)桥面焊接作业时,对于防火要求较高的地区应设置有针对性的防火措施。

图 14-27 专用安全通道

14.12 涵洞与通道

14.12.1 现场浇筑涵洞或通道时,支架、模板应安装牢固,应符合本指南6.1及6.6相关要求。

14.12.2 涵洞或通道基础须设置排水设施。

14.12.3 涵洞或通道的基坑开挖应符合本指南14.2相关要求。

14.12.4 涵洞或通道顶板预制安装见本指南14.8和14.9。

15 隧道工程

15.1 一般规定

15.1.1 隧道施工临时设施应布置在免受洪水、泥石流、滑坡、塌方等地质灾害的地段,施工和生活区域要明显分开,平面布置要科学,间距要合理,并配备足够的消防设备。施工现场的风、水、电、照明设施应做出统一规划、合理布置,并在隧道开工前完成。

15.1.2 隧道施工应按设计文件规定的施工方法制订专项施工方案,地质条件发生变化时,应及时进行设计变更;隧道施工时应严格按照方案组织施工,不得擅自改变施工方法。

15.1.3 隧道施工必须强化施工工序和现场管理,确保支护到位,支护不得滞后,安全步距不得超标。

15.1.4 超前地质预报和监控量测应作为必要工序统一纳入施工组织管理。施工过程中必须落实超前地质预报各项规定,监控量(探)测数据达到预警值时应进行核查、组织评估,出现危险征兆时应立即停工处置,严禁冒险施工作业。

15.1.5 必须严格控制现场作业人数,开挖作业面不宜超过9人,掘进作业面应实施机械化作业。所有进入隧道施工区域的人员,必须按规定佩戴安全防护用品;各类特殊岗位人员均应持证上岗。

15.1.6 必须对有毒有害气体进行监测监控,加强通风管理,严禁浓度超标施工作业。

15.1.7 必须按照规定设置逃生管道,严禁在安全设施不到位的情况下施工作业。

15.1.8 隧道洞口、开关箱、配电箱、台车、台架、坑洞和仰拱开挖等危险区域应设置醒目的安全警示标志;洞内施工机械、设备、设施均应设反光标识;台车和移动台架应设灯带轮廓标识。

15.1.9 隧道内严禁存放汽油、柴油、煤油、变压器油、雷管、炸药等易燃易爆物品。必须按照规定严格民用爆炸物品管理,严禁在施工现场违规运输、存放和使用民用爆炸物品。

15.1.10 必须按照规定制定应急预案、配备救援装备和物资,按规定进行应急演练;严禁事故发生后违章指挥、冒险施救。

15.2 洞口工程

15.2.1 安全要点

（1）在洞口施工前，必须根据洞口附近的地形、地质、水文、环境及边、仰坡施工等条件，编制具有针对性的安全技术方案。

（2）洞口开挖前，应先清理洞口上方及侧方可能滑塌的表土、灌木、山坡危岩、孤石等，并应按设计要求做好周边截排水系统，防止地表水冲刷边仰坡。

（3）边仰坡应开挖一级防护一级；洞口仰坡开挖线外应布设 1~2 个地表沉降监测断面，监测点自拱顶中心向两侧展布至边坡开挖线外 5m，测点间距不大于 5m。进洞后，开挖面距监测断面 $<2B$ 时（B 为隧道开挖宽度，下同），监测 1~2 次/d；开挖面距监测断面 $<5B$ 时，监测 1 次/2~3d；开挖面距监测断面 $>5B$ 时，监测 1 次/3~7d；如遇大雨天气，应及时进行加密监测；洞门主体结构施工完毕后，才能结束监测。如洞顶有民房或隧道是极软岩等容易发生大变形的隧道，应按照有关规范要求进行洞内外监测。

（4）隧道洞口位于Ⅳ级及Ⅴ级围岩段时，洞身开挖 90m 之前应施作完成洞口工程；洞口位于Ⅲ级围岩段时，洞身开挖 120m 之前应施作完成洞口工程。

（5）石质边、仰坡与相接路基边坡爆破开挖时，按照本指南 7.5 相关要求执行。

15.2.2 安全设施

（1）洞口应设置相应牌图，包括工程概况牌、管理人员名单及监督电话牌、消防保卫（防火责任）牌、安全生产牌、文明施工牌、风险告知牌、施工现场平面图及安全警示标牌等，见图 15-1。

（2）洞口场地须硬化，硬化长度不宜小于 50m。

（3）洞口处须设置值班室或监控室，设专人负责对进出隧道的人员、机械和爆破器材进行实时登记管理。1km 以上的隧道和Ⅲ、Ⅳ级风险隧道应配置电子门禁系统、视频监控系统和人员识别定位系统，实时显示洞内的人数及其他人员信息；其他隧道可参照使用，见图 15-2。

图 15-1 隧道洞口场地布置图

图 15-2 隧道洞口门禁系统及视频监控系统

15.3 洞身开挖

15.3.1 安全要点

(1)隧道爆破施工应符合《爆破安全规程》(GB 6722)及本指南7的要求。

(2)开挖人员到达工作地点时,应首先检查工作面是否处于安全状态,如有松动的石、土块或裂缝应先予以清除或支护。

(3)爆破后应按先机械后人工的顺序进行找顶,确认安全后方可进行下道工序。

(4)Ⅲ级及以上等级的围岩开挖后的拱顶和边墙部位应及时进行初喷封闭,喷射混凝土厚度不宜小于3cm,防止掉块、开裂、渗水、变形。

(5)台阶法开挖时,台阶长度不宜超过隧道开挖宽度的1.5倍,台阶不宜多分层,上台阶开挖高度不得超过隧道净高的2/3;当设有型钢拱架或钢格栅时,台阶两侧马口错开距离不小于2m,上部断面及下部断面一次开挖长度应相同,一次开挖长度不应超过1.5m,且须在4h内接顺钢架并落底稳固。

(6)当采用中隔壁法(CD)或交叉中隔壁法(CRD)开挖时,开挖侧喷射混凝土强度达到设计要求后方可进行另一侧开挖,左右侧导坑掌子面须保持不小于1倍洞径的纵向距离,且同一侧导坑的上下台阶应保持3~5m的距离;当开挖形成全断面时,应及时完成全断面初期支护闭合,中隔壁及临时支撑应在二衬施工时逐段拆除。

(7)采用双侧壁导坑法施工时,导坑宽度宜为隧道宽度的1/3。侧壁导坑、中槽部位开挖应采用短台阶,台阶长度3~5m,必要时应预留核心土;左右导坑前后距离不宜小于15m;导坑与中间土体同时施工推进时,导坑应超前30~50m。

(8)当同一隧道双向开挖接近贯通时,两端的施工负责人应当加强联系,服从统一协调指挥;距离小于100m时,一端爆破,另一端掌子面附近人员应撤离至安全区域;当两端掌子面距离15~30m时(视围岩情况定),应改为单向掘进,当一端爆破开挖时,应将另一端掌子面附近人员和设备撤至安全区域,并在安全距离处设置警示标志和警戒线,禁止人员入内,直至全面贯通。

(9)仰拱开挖时,Ⅳ级及以上围岩仰拱每循环开挖长度不得大于3m,不得分幅施作;开挖后应立即施作初期支护;栈桥等架空设施强度、刚度和稳定性应满足施工要求,栈桥基础应稳固,桥面应做防侧滑处理。

(10)隧道开挖应连续循环作业,若因故停工,停工前应对掌子面进行检查并制定专项措施予以封闭,停工7d以上时,复工前施工单位技术负责人应组织人员对掌子面安全状态进行核查确认。

15.3.2 安全设施

(1)在隧道开挖掌子面至二次衬砌之间应设置逃生通道,并随着开挖进尺不断前移,逃生通道距离开挖掌子面不大于20m。逃生通道的刚度、强度和抗冲击能力应满足安全要求,内径不宜小于0.8m。采用钢管作为逃生通道时,钢管壁厚不小于10mm,每节管长宜为5m,在每节钢管距端头1.5m处各设一个吊环,焊接在同一纵断面上,钢管间采用连接钢板和U形插销连接,见图15-3。推广使用轻质、高强的新型逃生通道,见图15-4。

图15-3 隧道内应急逃生通道

图15-4 新型逃生通道

(2)隧道爆破施工时,应设置警戒线,并在洞口放置如"前面放炮,禁止通行"的警示标牌,见图15-5。

(3)并挖的仰拱前后应设醒目的安全警示标志,栈桥等架空设施两侧应设限速警示标志,车辆通过速度不得超过5km/h,见图15-6。

图15-5 爆破警示标牌

图15-6 仰拱施工搭设的栈桥

15.4 支护、衬砌

15.4.1 安全要点

(1)支护前应清除爆破后危石,喷锚支护的工作平台应牢固可靠,喷射手应佩戴必要的防护用品。喷射施工时喷嘴前端严禁站人,锚杆(管)注浆作业时应安装压力表,杜绝压力超限;注浆管接头要牢固,防止爆管伤人。

(2)锚杆施工时推广使用自动锚杆钻机,见图15-7;喷射混凝土施工时宜推广使用带机械手的混凝土湿喷机,见图15-8。

图15-7 自动锚杆钻机

图15-8 带机械手的混凝土湿喷机

(3)钢拱架节段之间必须连接牢固,底部须平整垫实且稳定,不得有积水浸泡,严禁将钢拱架坐落在松软的土体或风化石上;钢拱架之间须连接成整体,每一台阶均须有锁脚锚杆,锁脚锚杆下插角度应满足设计要求,且施作高度距离钢拱架脚不大于80cm,并采用U形筋与钢拱架连接牢固;临时钢拱架支护应在隧道初期支护封闭成环并满足设计要求后拆除。

(4)施工期间,现场施工负责人应会同有关人员定期对支护各部进行检查,在不良地质地段每班应设专人随时检查;当发现支护变形或损坏时,应立即整修或加固;当发现已喷锚区段的围岩有较大变形或锚杆失效时,应立即在该区段增设加强锚杆或其他加固措施,情况严重时应先撤离施工人员,再行加固。

(5)当发现监测数据有不正常变化或突变,洞内或地表位移值大于预警值,洞内或地表出现裂缝以及喷层出现异常裂缝时,均应视为危险信号,必要时立即报告上级并组织洞内作业人员撤离现场,待采取处理措施后才能继续施工。

(6)二衬台车模板及支架应具有足够的刚度、强度和稳定性,应满足自动行走要求,并有闭锁装置;两车道台车面板钢板厚度不小于10mm,三车道台车面板钢板厚度不小于12mm,三车道以上二衬台车必须经过验算,邀请有关专家研究审查后定制;应对台车的各种伸缩构件、液压系统和电气控制系统进行严格的调试,确保使用状态良好;台车爬梯应由同一厂家配套生产,并安装牢固;台车行走轨道应采用型钢、钢板或不小于200mm×200mm的方木支垫稳定,支垫高度不大于30cm,轨道铺设长度应超出台车不小于3m;主洞二衬模板台车每施工200m应校核一次。

(7)施工作业台车(含开挖台车、防水板铺挂台车和二衬台车等)上固定的电线电缆应套PVC管,接头部位应采用绝缘胶带包裹并固定,施工过程中应加强对电路的巡视检查,防止漏电。

(8)在软弱、破碎的围岩地段,仰拱应随开挖及时施作,尽快使初期支护形成封闭环,及时施作二衬;二衬距掌子面的距离,Ⅳ级围岩不得大于90m,Ⅴ级围岩不得大于70m;其他地段,待初期支护位移和变形稳定后施工二次衬砌。

(9)仰拱与掌子面的距离,Ⅲ级围岩段不得超过90m,Ⅳ级围岩段不得超过50m,Ⅴ级围岩段不得超过40m。

15.4.2 安全设施

(1)支护和衬砌使用工作台车平台应满铺,设安全防护栏、爬梯、防滑等设施,安全防护栏高度为1.2m,立杆间距不得大于1.5m,横杆与上下件之间距离不得大于60cm,立杆和扶杆宜采用ϕ48mm钢管制作。

(2)当工作台车两侧悬臂可伸缩时,伸缩杆(梁)上须设置有效的限位装置。

(3)隧道内二衬台车和工作台车上应安装灯带及反光标识,并在两侧防护栏杆外侧配挂全反光材料制作的安全警示牌,确保施工和车辆通行安全,见图15-9。

(4)隧道衬砌施工属于高处作业,应遵守高处作业的相关操作规程,见图15-10。

(5)衬砌钢筋安装应设临时支撑,临时支撑应牢固可靠,并有醒目的安全警示标志;钢筋焊接作业时,在防水板一侧应设阻燃挡板。

图15-9 作业台车安全标识

图15-10 隧道衬砌施工时的安全防护

15.5 竖井、斜井

15.5.1 安全要点

(1)竖井、斜井施工前,修整好井口附近的排水沟、截水沟,防止地表水侵入井中造成坍塌事故;竖井井口平台应比周边地面高出0.5m。

(2)当发现工作面附近或井筒未衬砌部分有落石现象、异响或大量涌水时,应立即撤离工作面施工作业人员,并报告上级处理。

(3)竖井施工时,应配置备用发电机和抽排水能力大于预计排水量120%的抽排水设施。

(4)采用反井法施工的竖井:

①在进行连接钻头、钻杆和排渣等需要上下工作面配合作业时,须上下工作面联系清楚无误后,方可进行,以免造成意外事故。

②下井人员禁止喝酒,严禁带烟和火种下井。

③导孔期间,应加强对钻机各部位的检查,不得随意停水、停电。

④对反井钻机施工段的围岩进行必要的加强支护;在钻头提升过程中,导井内操作人员应佩戴安全帽、安全绳、手套、胶鞋等防护用品,若钻头发生卡壳,应从钻头上部进行处理。

⑤扩孔过程中应及时清理孔底的积渣料和洞内散落的石渣,保证下平洞道路平整、畅通、无积水。

(5)斜井施工应参照主洞施工的要求执行。

15.5.2 安全设施

(1)竖井口应设防雨设施,井口周围应设防护栏杆和安全门,防护栏杆的高度不小于1.2m。

(2)在井口明显部位应设置防坠落、防触电、防机械伤害等标志标牌,井口和井底应悬挂警示信号装置,见图15-11。

(3)竖井施工时,在井口和井底应设置一块工作区域,进行围闭,并悬挂安全警示标志。

(4)竖井井架应安装避雷装置。

(5)斜井一侧应设1m宽的人行道供进出施工人员行走,与车行通道的安全距离不小于2.5m;人行道设置1.2m高的护栏,每间隔50~100m设置一处休息平台,见图15-12。

图15-11 井口/井底安全标识标牌

图15-12 斜井人行步梯

15.6 交通安全

15.6.1 安全要点

(1)洞内运输车辆应状态完好、制动有效,做到"三不超(不超速、不超载、不超员)、五不开(不开斗气车、不开有隐患的车辆、不酒后开车、不开准驾不相符的车辆、不疲劳驾驶车辆)";装运大体积、超长料具时应有专人指挥、专车运输,并设置指示界限的红灯,料具应绑扎牢固;出渣车辆掉头段应设专人指挥。

(2)进出隧道的行人通道与机械、车辆通道应分开设置;运输通道应有专人进行维修养护,并清理两侧的废渣和余料,保持路况良好。

(3)隧道成洞段行驶车辆车速不得超过15km/h,未成洞地段车速不得超过5km/h。

(4)洞外弃渣场地应保持一定的上坡段,防止车辆顺坡翻车,并在弃渣场临边侧以内1m处设置醒目的停车标志。

(5)保证洞内通风及照明良好。

15.6.2 安全设施

(1)在洞口、平交道口及施工狭窄地段应设置"减速慢行"等警示标志,必要时应设专人指挥交通,见图15-13。

(2)洞内停放的车辆、施工机具和堆放的材料严禁占用运输通道,且其周边应设置反光锥等反光警示标志,见图15-14。洞内所有机械、设备须粘贴反光标志。

图15-13 洞口限速标志

图15-14 隧道机械设备安全围护

(3)隧道成洞段行人和机械、车辆通道应采用隔离带区分,隔离带上贴明显的反光标识,见图15-15。

图15-15 行人和机械、车辆通道隔离带

15.7 通风设施

15.7.1 安全要点

(1)隧道单向掘进长度超过150m时应进行机械通风,隧道施工通风应纳入工序管理,由专人负责;通风应能提供洞内各项作业所需的最小风量,风速不得大于6m/s;每人供应新鲜空气不得小于$3m^3/min$,内燃机械作业供风量不宜小于$4.5m^3/(min·kW)$。

(2)通风管与掌子面的距离应根据隧道断面尺寸确定,送风式通风管的送风口距掌子面不宜大于15m,排风式吸风管距开挖面不得大于5m。风管底面高度不宜小于2.5m,风管过台车台架时,台架应预留风管专用通道,避免弯折造成风损。

(3)严禁人员在风管的进出口附近停留。通风机停止运转时,任何人员不得靠近通风软管行走或在软管旁停留,不得将任何物品放在通风管或管口上。

(4)供风管应敷设平顺,接头严密,不漏风。软管与通风机的连接必须牢固可靠,风管拆卸必须在空压机停机或关闭闸阀后进行。

(5)(特)长隧道、瓦斯隧道应进行专项通风设计。

15.7.2 安全设施

(1)通风机设置在洞口一侧,固定于机架上,机架应采用混凝土固定,并设置安全警示标志;通风机距洞口不得小于30m,见图15-16。

(2)通风软管敷设在洞壁或地面上,应采取有效措施固定,防止风管摆动、脱落。沿线应每50~100m设置警示标志或色灯,见图15-17。

图15-16 隧道通风机设置

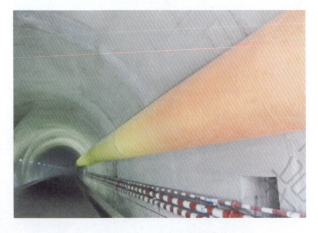

图15-17 通风软管敷设

(3)隧道施工应采取综合防尘措施,并应配备专用检测设备及仪器,见图15-18;长度超过500m的隧道应配备喷雾降尘设备;隧道内存在矽尘的作业场所,每月应至少取样分析空气成分一次,测定粉尘浓度一次;隧道作业人员应配备防尘口罩、耳塞等个人劳动保护用品。

图 15-18　粉尘检测仪

15.8　照明设施

15.8.1　安全要点

(1)隧道内的用电线路和照明设备必须设专职电工负责检修管理,检修电路与照明设备时应切断电源。

(2)隧道内的照明灯光应保证亮度充足、均匀、不闪烁;在隧道内密集作业段或软弱围岩段应加强照明。

(3)施工作业段照明应采用不超过36V的低压电源;成洞段或不作业地段宜采用220V。照明灯具宜采用冷光源,漏水地段应采用防水灯具,瓦斯地段应采用防爆灯具。

(4)成洞段每隔20m设置一盏满足照度要求的照明灯,未成洞段6~10m设一盏满足照度要求的照明灯箱,照度要求见表15-1;照明灯高度不应低于3.5m,且不应低于隧道内壁装饰(贴瓷砖)高度,建设单位应统筹协调隧道各施工单位,以保持洞内照明不中断,至隧道内机电工程施工完成后方可拆除;布线需遵循高压在上、低压在下,干线在上、支线在下,动力线在上、照明线在下的原则。

隧道施工照明标准　　　　表 15-1

施工作业地段	照度标准(lx) (平均照度不小于)	施工作业地段	照度标准(lx) (平均照度不小于)
施工作业面	30	特殊作业地段或 不安全因素较多地段	15
开挖地段和作业地段	10	成洞地段	4
运输巷道	6	竖井内	8

(5)隧道内变电站宜设置在已支护的预留洞室内,变压器与周围及上下洞壁的最小距离不得小于300mm。

(6)隧道内的用电线路,均应使用防潮绝缘导线,悬挂固定高度不小于3.5m;不得将电线挂在铁钉或其他铁杆上;如使用电缆,应牢固地悬挂在高处,不得放在地上,输电线路不得与通风管设置在同一侧,见图15-19。

(7)隧道内严禁使用有火焰的灯火照明,不得明火取暖。

(8)隧道内成洞段每隔30m及横通道口处设置一盏应急灯,应急灯宜固定在洞壁距地面3.5m高处,见图15-20。

图15-19 隧道电线路敷设

图15-20 隧道内应急灯设置

15.8.2 安全设施

(1)洞内用电箱应放置在干燥、安全的地点,在潮湿及漏水隧道中的照明设备应使用防水灯具,见图15-21。

(2)工作台车上固定的照明设备附近须设置"小心触电"等安全警示标志,电线接头须包裹严密不外露,并定期进行检查,见图15-22。

图15-21 隧道内照明设备

图15-22 工作台车上照明设备安全警示标识

(3)洞内变电站周围必须装设防护栅栏、警示灯及反光标识,悬挂"禁止攀登,高压危险"等安全警示牌,见图15-23。

图 15-23 洞内变压器防护

15.9 消防设施

15.9.1 安全要点

(1)隧道内重点部位(易燃可燃材料临时存放点等)按要求设置消防器材,洞口值班室应设置4kg灭火器不少于2具。

(2)二衬台车及防水板工作台车应设置4kg灭火器不少于4具。

(3)施工隧道洞口工程时,宜按设计要求结合营运永久性消防水池建设土建施工期的高低位水池及取水点,以供后续洞内施工和消防用水。

15.9.2 安全设施

(1)隧道洞口应放置消防安全注意事项标识牌。

(2)防水板和二衬工作台车平台上放置灭火器处应设置明显标识牌,见图15-24。

图 15-24 台车灭火器标识牌

15.10 排水设施

15.10.1 安全要点

(1)隧道洞口截、排水系统应与路基或附近自然水系接顺,防止地表水冲刷边、仰坡。

(2)当隧道内出现涌水、滴水等现象时,应采取可靠措施将地下水引流至隧道内排水沟排出洞外。反坡排水时应根据距离、坡度、水量和设备情况确定,抽水机排水能力应大于预测最大排水量的120%,并设有备用;顺坡排水时,排水沟断面应满足隧道排水需要。

15.10.2 安全设施

(1)隧道高位水池不宜设置在隧道正上方,且须做好防渗水措施,并悬挂"禁止攀爬"的安全警示标志。

(2)排水沉淀池周边应设置安全护栏并张挂密目式安全网,护栏高度不小于1.2m,并设置警示标志,见图15-25。

图 15-25　洞口沉淀池围蔽

15.11 隧道应急设施

15.11.1 安全要点

(1)长、特长及高风险隧道内应设报警系统及逃生设备、临时急救器械和应急生活保障品。

(2)隧道内交通道路及开挖作业等重要场所应设置安全应急照明,应急照明应有备用电源并保证光照度符合要求,在洞内停电或断电时指引作业人员撤离。

(3)宜在洞口或交通方便的地段修建应急物资库房,准备充足的型钢、方木、圆木、钢管、钢筋等应急物资。

15.11.2 安全设施

隧道内逃生通道管内应长期配备足够的水、食物和应急药品,应急物资不得挪作他用,并定期进行更换。

15.12 岩溶隧道

15.12.1 安全要点

(1)隧道通过岩溶地段坚持"以疏为主、堵排结合、因地制宜、综合治理"的原则治理岩溶水,按照"短进尺、弱爆破、强支护、早封闭、勤量测"的施工方法通过岩溶地段。

(2)岩溶段首先采用地貌、地质调查与地质推理相结合的方法进行定性预测,再结合地表钻孔探测、洞内超前地质预报、超前导坑预报和隧道岩溶预探等方法,进一步探测分析溶洞的分布位置、范围、类型、规模、发育程度、填充物及储水等情况,为制订岩溶段的专项处治方案提供依据。

(3)当隧道与溶洞空间交叉时,必须检查溶洞顶板,及时处理危石。

(4)爆破开始应严格控制单段起爆药量和总装药量,控制爆破震动。

(5)隧道溶洞与地表水存在水力联系时,宜在旱季进行溶洞处理和隧道施工,并应备用足够数量的排水设备。

15.12.2 安全设施

(1)在探明隧道内溶洞后,应根据制定的专项处置方案及施工安全风险评估确定警戒范围(洞内及洞外地表),并设置安全警示标志,待溶洞处理完成后方可解除。

(2)若隧道与溶洞空间交叉时,应加强溶洞处治区域的照明,防止掉块、泥陷等情况造成人身伤害。

15.13 富水区隧道

15.13.1 安全要点

(1)在富水区隧道进行钻孔作业时,发现岩壁松软、掉块或钻孔中的水压、水量突然增大,以及有顶钻等异常情况时,必须停止钻进,立即报告现场负责人,分析研究处理措施,并派人监测水情;当涌水量突然增大时(水量超过 $5m^3/min$),立即撤出危险区域的人员,然后采取措施进行处理。

(2)隧道施工过程中,一旦发现浑水等突泥、突水、坍塌预兆时,立即停止施工,并撤出危险区域的人员,分析原因,采取措施进行处理。

(3)在水压较高的隧道进行钻孔作业时,应选择适合较高水压的钻孔设备,钻孔设备应采取防突水突泥冲出的反推或拴锚措施;注浆作业时应安装满足水压要求的带止水阀门的孔口管,孔口管应安装牢固,作业时作业人员不应站立在孔口正面,且应远离孔口。

(4)在地下水较多的地段,敷设爆破网络时应做好接头的绝缘与防水处理,不得将接头浸在水中。

15.13.2 安全设施

(1)涌水段施工区域应加强照明,安全电压为12V,并采用防水灯具。

(2)注浆作业人员要配戴口罩、防护眼镜和手套,以防止水泥粉尘和水玻璃溶液对人体造成伤害。

(3)隧道开挖工作面应配备水压测试仪和应急报警器,当出现水压较大时应启动报警器紧急疏散危险区域的人员,并采取措施进行排水减压。

(4)富水隧道反坡施工时,应配置有预计最大排水能力200%的抽排水设施。

15.14 瓦斯隧道

15.14.1 安全要点

(1)首先采用《公路工程施工安全技术规范》(JTG F90)规定的瓦斯压力法、综合指标法、钻屑指标法、钻孔瓦斯涌出初速度法、"R值指标法"中的两种方法验证确认瓦斯浓度是否处于安全限值范围,并严格按照规定频率进行检测。

(2)瓦斯隧道施工必须使用防爆型电气设备与作业机械,同时应当制定瓦斯突出应急预案,确保人员生命安全。

(3)开挖后及时进行喷锚支护,封闭围岩,堵塞缝隙,减少、防止瓦斯逸出。

(4)洞内照明电压不得超过110V,手提作业灯为12~24V。

(5)瓦斯隧道施工期间应连续通风,工作面附近20m以内风流中瓦斯浓度须小于1%,通风风管应采用抗静电、阻燃的风管。

(6)瓦斯地段的爆破作业必须采用煤矿许用的炸药和雷管。

(7)铲装石渣前应用水浇湿石渣。

15.14.2 安全设施

(1)瓦斯隧道施工期间,应建立监控、检测系统,测定瓦斯浓度、风速等参数。低瓦斯区域可用便携式瓦检仪,高瓦斯或瓦斯突出区域还应配置高浓度瓦检仪和自动检测报警断电装置,见图15-26。

图15-26 瓦斯监测仪

(2)应配备两套电源供电,并采用双电源线路,其电源线不得分接隧道以外的任何负荷;自动断电开关必须设置在送风道或洞口。

(3)瓦斯隧道应设置消防设施,人员聚集处应设置瓦斯自动报警仪。

15.15 岩爆隧道

15.15.1 安全要点

(1)通过监听岩体内部声响及观察岩面剥落情况等方法,发现岩爆迹象时,作业人员应撤离出危险区域。

(2)宜在围岩内部应力释放后采用短进尺开挖,每循环进尺宜为1~2m;光面爆破的洞室轮廓应规则圆顺,避免应力集中。

(3)岩爆隧道施工时,应通过高压洒水、围岩打孔、打设超前小导管等措施减弱岩爆强度。

(4)爆破后进入下道工序前,每循环内对暴露的岩面找顶2~3次。

(5)加大监测和巡查的频率,确保岩爆隧道施工安全。

15.15.2 安全设施

(1)作业人员应佩戴安全帽、护目镜及防砸鞋等防护用品。

(2)岩爆隧道开挖面应配备高压水枪。

(3)喷射混凝土支护中宜加入钢纤维或加铺退火钢丝网,加强围岩表面强度,减缓和控制岩爆的发生,见图15-27。

图15-27 岩爆隧道开挖面的喷混凝土支护

(4)拱部及边墙应布设预防岩爆锚杆,施工机械驾驶室等重要部位应加装防护钢板。

15.16 放射性花岗岩地段施工

15.16.1 安全要点

（1）按规定频率进行放射性检测，检测值在安全范围内方可作业。
（2）严禁在洞内放射性物质浓度较高的地段进食、饮水。
（3）施工人员在施工时须穿防辐射服，并定期进行更换；防辐射用品、用具应按规定单独存放管理。
（4）放射性物质地段的地下水及洞渣排出洞外后应按《放射性废物安全管理条例》处理。

15.16.2 安全设施

（1）须配备放射性检测仪，见图15-28。
（2）进入放射性物质地段的人员还须佩戴防辐射成套工作服、手套、面罩等防护用品，见图15-29。
（3）隧道内排出的地下水必须经三级沉淀池后，进入专业的辐射污染水处理系统进行处理，达标后方可排至附近自然水系，污染水处理系统应定期进行清理。

图15-28　放射性检测仪

图15-29　防辐射工作服

16 路面工程

16.1 一般规定

16.1.1 路基施工完成后,路面施工单位应制定路面施工交通管制方案,并报监理单位批准后实施;交通管制主体责任由路面施工单位承担。

16.1.2 加强主线便道口的交通管制,路面施工单位应安排专人对便道口进行24h不间断管理,进出路口的车辆凭车辆通行证通过,严禁无关车辆进入施工现场。在主线交叉道口、车道转换等位置,应设置减速慢行、限速、指示方向等标志。

16.1.3 平地机、摊铺机、压路机等路面施工机械设备上应粘贴红白或黄黑相间反光膜,停放在路面时,周围应设置明显的安全标志;夜间应以红灯示警,其能见度不得小于150m。压路机、平地机等路面机械还应安装倒车雷达和倒车影像。

16.1.4 机械设备的日常维修和保养应按照本指南4、5及相关操作规程的要求执行;临时用电应满足本指南2及相关规范的要求;水泥罐、沥青罐、拌和楼等设施应有避雷设施。

16.1.5 混合料运输应确保运输车辆的车况良好,尤其是制动系统和自卸系统的有效性;运输过程中按指定路线行驶,不得超载、超速,驾驶员不得疲劳作业;对运输车箱顶面的覆盖,宜搭设专供工人上下的作业平台。

16.1.6 运料车向沥青或水稳摊铺机卸料时,应设专人指挥;运料车应在摊铺机前方10~30cm停留,运输车不得撞击摊铺机;卸料过程中运输车应挂空挡,由摊铺机推动前进。

16.1.7 摊铺、碾压、整平作业人员应面向压路机或摊铺机作业,人、车、设备之间应保持安全距离,专职安全员应在现场进行安全管理。

16.1.8 碾压设备作业行驶速度一般不应超过6km/h;两台以上压路机作业时,前后间距不得小于3m,左右间距不得小于1m;在碾压设备上推广采用卫星导航设备,以监控行驶速度和碾压遍数。

16.1.9 施工现场应配置可移动式遮阳棚,严禁人员在机械设备下逗留。

16.1.10 现场进行检测、取样、试验等工作时,检测人员工作点四周应摆放交通锥等警示设施,并设警戒人员,防止施工机械伤害检测人员。

16.1.11 面层摊铺完成路段应设置限速标牌(限速20km/h),同时每隔2km及隧道进出口位置(宜为隧道外50m)应设置强制车辆减速的两排隔离墩(灌满水的水马),隔离墩纵向间距30m,分别从路两侧往路中间摆放,重叠不小于3m,并设置导向标志,如图16-1所示。

图16-1 路面行车段交通限速措施

16.1.12 在上、下结构层搭接施工处须提前设置限速警示标志,并采取措施保证车辆安全通行。

16.1.13 隧道路面施工时,洞口应设专人指挥,并设置警示标志;洞内作业安全措施按照本指南8.6要求执行。

16.2 垫层、底基层、基层

16.2.1 安全要点

(1)各类机械设备操作人员必须持证上岗,无证人员或非本机人员不得上机操作;严禁违章操作机械设备。

(2)拌和站开机前应警示,骨料仓范围及拌和机下不得站人,拌和过程中人员不得调整皮带运输机或跨越皮带。

(3)施工现场转移摊铺机、压路机、推土机、平地机等机械以及运料车卸料时,必须设专人指挥。

16.2.2 安全设施

(1)散装粉状材料宜使用粉料运输车运输,否则车厢上应采用篷布遮盖。

(2)施工作业区域两端应设置明显的隔离设施,并设置警示标志;在路线交叉口、变道口等处应设置减速、限速和行车导向等标志,见图16-2。

(3)在有交叉施工作业的情况下,施工场地前后设置"前面施工,减速慢行"、限速牌(20km/h)和禁止超车等标志牌,标志牌如有移位、倾斜或被盗等情况应及时恢复原样,见图16-3。

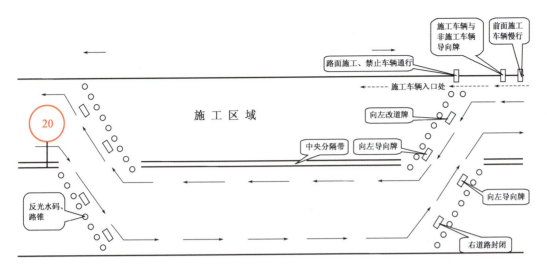

图 16-2　路面施工交通管制示意图

图 16-3　交叉口施工作业现场标志牌

16.3　沥青混凝土路面

16.3.1　安全要点

（1）沥青拌和设备应安装防尘设施；沥青蒸汽加温装置的蒸汽管道应连接牢固，在人员易触及的部位，必须用保温材料包扎。

（2）在喷洒封层、透层、黏层沥青作业过程中，作业范围内不得有人，且施工现场严禁使用明火。

（3）摊铺机施工作业区两端，设置明显的隔离设施，夜间施工时，隔离措施上设置施工标志灯或反光标志；路面施工区段严禁社会车辆和无关人员进入。

（4）在施工路段，单幅封闭施工时应在中央分隔带开口处前后主线变道口设置导向牌和左道（右道）封闭牌指示来往车辆行驶。

（5）碾压作业时，胶轮压路机涂油作业人员行走必须与机械运行方向保持一致，严禁边后退边涂油。

(6)沥青拌和站有机热载体炉(锅炉)等特种设备应按规定取得特种设备检验合格证及使用登记证;锅炉工应取得特种作业人员资格证。

16.3.2 安全设施

(1)沥青罐、燃油罐存放区应远离生活区并进行围蔽,出入口处应设置安全警示标志(图16-4),并按照本指南3要求配备灭火器材,灌区内不得存放危险品及其他易燃易爆品,罐区周围10m范围内不得动火作业。

(2)摊铺机使用液化气罐加热时,须对气罐采取遮盖措施,在熄火情况下,必须将罐阀关闭。

(3)隧道内沥青路面施工,应充分考虑温度高、烟雾多、噪声大、能见度低、空气流通困难等因素,采用机械通风、个人防护(反光衣、耐高温防护鞋、防毒面具、耳塞)、交通管制等措施,确保人身安全。

(4)施工作业区和主线交叉口、变道口处按本指南16.2.2的要求实施。路面施工道路封闭见图16-5。

图16-4 沥青罐区的围蔽及警示

图16-5 路面施工道路封闭

16.4 水泥混凝土路面

16.4.1 安全要点

(1)人工摊铺混凝土路面时,装卸钢模板时须逐片轻抬轻放,不得随意抛掷;在多人同时作业的情况下,施工作业人员按施工工序依次排开,并与施工机具保持安全距离;固定模板的插钉或钢筋头应有序摆放,避免行人和车辆扎碰。

(2)机械摊铺混凝土路面,在调整摊铺机高度时,工作踏板、扶梯等处禁止站人;下坡时,禁止快速行驶和空挡滑行,牵引制动装置必须置于制动状态;夜间施工时,摊铺机上应有足够照明和警示标志。

(3)切缝、刻纹作业过程中,作业区两端应进行围蔽,设置反光警示标志,并满足本指南

5.12 的规定。

(4)水泥混凝土混合料用挖掘机布料作业过程中,人员不得在机械回旋范围内作业。

16.4.2 安全设施

(1)隧道内混凝土路面施工时,作业区前后须设置明显隔离措施,并安装反光警示标示或警示灯;施工作业区域应保持足够的亮度,混凝土料车倒车、卸料过程须有专人指挥。

(2)混凝土路面施工未全断面封闭时,在车辆驶出、入前方,应设置指示方向和减速慢行的标志,同时在行车道和施工区之间设置明显的隔离带。

17 交通安全设施

17.1 一般规定

17.1.1 施工过程按《公路工程施工安全技术规范》(JTG F90)、《公路养护安全作业规程》(JTG H30)等落实安全措施。

17.1.2 施工区域须设置警示围蔽设施,在施工点前、后方50m位置应设置"前方施工、减速慢行"、导向指示牌、限速牌(限值为20km/h)及频闪灯等进行警示,同时在施工区域设置隔离设施、反光锥(间距3m)等进行围蔽,见图17-1。

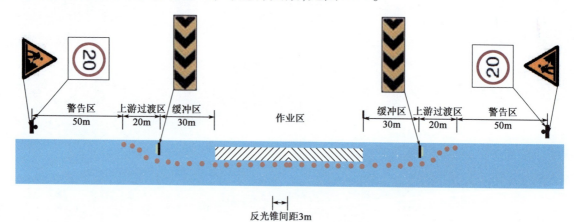

图17-1 施工区域警示围蔽示意图

17.1.3 材料堆放及车辆设备停放区域应用反光锥进行围蔽,见图17-2。

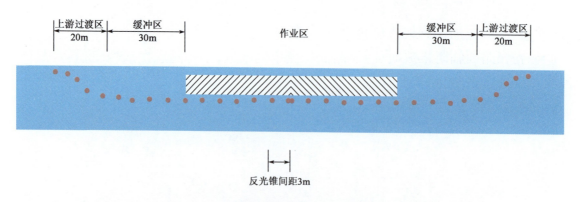

图17-2 材料堆放及车辆设备停放区域围蔽示意图

17.1.4 施工现场指挥人员和作业人员应穿着反光衣,高处作业人员佩戴安全带。

17.1.5 隧道内施工时,应安排专人在洞内作业区指挥车辆,做好作业区的照明和通风工作。

17.2 安全要点

17.2.1 标志支撑结构的安装应在基础混凝土强度达到设计要求后进行。

17.2.2 使用起重机械进行标志吊装作业时,应符合本指南5.4的有关规定;起重机械与周边高压线等危险因素应保持足够安全距离,并有专人负责指挥起重作业。

17.2.3 标志安装等高处作业过程中,施工人员不得站在标志横梁等结构物上作业,需高处作业时应使用高空平台作业车。高空平台作业车的使用应符合相关安全操作规程的规定,操作人员应经过专门培训并持证上岗,作业现场应有专人指挥。

17.2.4 波形护栏立柱及护栏板堆放和运输时应成捆绑扎,堆叠层数不应超过三层,且高度不大于1.5m;堆放应整齐、稳固,防止滚落或倒塌。

17.2.5 护栏、防抛网、防眩板等施工过程中,作业人员应在桥上护栏内侧施工,不得在无防护的条件下站立护栏顶或外侧施工,防止人员高处坠落。

17.2.6 标线涂料、塑料防眩设施等易燃材料的运输工作、存放仓库应配备相应消防设施,宜采取35kg以上推车式灭火器。

17.2.7 热熔釜熔料时最大投料量不得超过缸体的4/5,热熔釜和漆料保温桶上方不得运用明火。

17.2.8 标线施工用的燃料气瓶应经特种设备检验合格。

17.2.9 防抛网安装等需跨线作业时,应封闭下作业区下方通道,防止物件跌落伤人。

17.3 安全设施

17.3.1 护栏施工

(1)护栏立柱及护栏板堆放应符合以下要求:
①立柱及护栏板应成捆绑扎;运输时应使用带有侧面栏板的货厢,见图17-3。
②材料两端应加设钢架或三角木支垫,防止材料倾泻,见图17-4。
③材料在路面临时堆放时,应靠路面一侧单侧堆放,不得随意摆放;在材料堆放区周边设置反光锥进行警示,防止车辆机械进入材料堆放区。

(2)桥上现浇混凝土护栏施工、金属护栏安装施工时,应使用专用工作架,防止人员坠落。同时须对工作架进行验算、合理确定配重。

17.3.2 交通标志施工

(1)标志基坑开挖时,基坑边缘应设置防护栏杆或围挡,夜间应加设红色警示灯。
(2)安装门架、悬臂标志时,作业人员确需高处作业,则应使用高空平台作业车或液压升降机,见图17-5。

图17-3 护栏材料运输车辆　　　　　图17-4 护栏材料堆放

17.3.3 交通标线

(1)热熔作业时,作业人员应穿着防护服,佩戴护目镜、防护手套和防毒口罩,并佩戴安全帽。

(2)热熔釜罐口应有盖板,并在罐口加装防落网,防止人员跌落高温罐内;罐身应挂高温警示标志。罐口防落网见图17-6。

 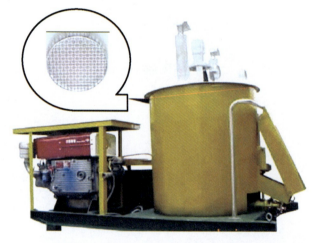

图17-5 高空平台作业车　　　　　图17-6 罐口防落网

(3)燃料气瓶应安装回火防止器。燃料气瓶应放置在保护架内,防止气瓶受到碰撞或翻滚;气瓶体应装防震圈,见图17-7。

(4)标线施工机械应随车配备大容量灭火器(宜35kg以上),见图17-8。

17.3.4 隔离栅和防抛网、防眩设施

(1)隔离栅作业人员应佩戴防穿刺手套。

（2）桥梁防抛网安装,应封闭桥下通道,禁止无关人员及车辆进入跨线施工下方空间。无法封闭交通时,应在作业区车道上设置防护棚。

（3）若需在桥上护栏外侧施工,应使用高处作业车或专用工作架进行高处作业。

图 17-7　气瓶保护架示例

图 17-8　推车式灭火器

18 机电工程

18.1 一般规定

18.1.1 施工过程按《公路工程施工安全技术规范》(JTG F90)、《公路养护安全作业规程》(JTG H30)等落实安全措施。

18.1.2 施工区域须设置警示围蔽设施,在施工点前、后方50m位置应设置"前方施工、减速慢行"、导向指示牌、限速牌(限值为20km/h)及频闪灯等进行警示,同时在施工区域设置隔离设施、反光锥(间距3m)等进行围蔽,见图17-1。

18.1.3 材料堆放及车辆设备停放区域应用反光锥进行围蔽,见图17-2。

18.1.4 施工现场指挥人员和作业人员应穿着反光衣。

18.1.5 隧道内施工时,应安排专人在洞内作业区指挥车辆,做好作业区的照明和通风工作。

18.1.6 隧道内进行高处作业时,应使用专用移动工作台架,并在台架体上粘贴反光膜及LED灯带进行警示;高处作业使用的工作台架应编制专项搭设方案,台架必须配备有上下步梯,投入使用前应组织验收,验收记录应归档。

18.2 安全要点

18.2.1 外场监控及可变标志支撑结构的安装应在基础混凝土强度达到设计要求后进行。

18.2.2 外场监控及可变标志、高杆灯等施工中使用起重机械进行构件吊装作业时,应符合本指南5.4的有关规定,同时注意起重机械与周边高压线等危险因素保持足够安全距离,并有专人负责指挥起重作业。

18.2.3 外场监控及可变标志、高杆灯安装等高处作业过程中,施工人员不得站在标志横梁等结构物上作业;需高处作业时,应使用高空平台作业车。

18.2.4 桥上通信管道安装等施工时,作业人员应在桥上护栏内侧施工,不得在无防护的条件下站立护栏顶或外侧施工,防止高处坠落;需跨线作业时,应封闭下作业区下方通道,防止物件跌落伤人。

18.2.5 材料堆放高度应不高于1.5m,且堆放整齐、稳固,防止滚落或倒塌。

18.2.6 安装射流风机、洞内照明灯具时,应封闭施工点对应车道,防止安装时物件跌落伤人;射流风机安装前,应检查确认预埋件抗拉拔试验结果符合设计要求。

18.3 安全设施

18.3.1 通信管等易燃材料的运输工作、存放仓库应配备相应消防设施,宜采取35kg以上推车式灭火器。

18.3.2 外场监控及可变标志等基础基坑开挖时,应沿边缘设于防护栏杆或围挡,夜间应加设红色警示灯。

18.3.3 安装车道通行灯等需高处作业时,应使用液压升降机或高空平台作业车。桥梁上、下行空隙处安装通信管道等作业时,若需在桥上护栏外侧施工,应使用高处作业车或专用工作台架进行高处作业。

18.3.4 光纤熔焊机进行激光熔焊时,应佩戴防护目镜等安全防护用具。

18.3.5 隧道洞内供配电设施施工时,应符合以下要求:

(1)按供配电安全操作规程施工。

(2)供配电作业人员应持有效资格证件上岗;并穿着绝缘靴、绝缘手套等防护用品。

(3)设备安装完毕后,暂时不能送电运行时,变配电室的门窗要封闭,并设专人看守。

(4)进行设备调试等有关作业时,应切断设备电源,并做好验电、悬挂接地线、挂标示牌等防护措施。验电时,必须按电压等级使用验电器,不同电压等级的验电器见图18-1。

图18-1 不同电压等级的验电器

18.3.6 隧道消防系统施工应符合以下要求落实安全措施,包括:

(1)高位水池施工物料运输采用专用提升架。

(2)施工便道坡度应平缓,宜控制在1:1,防止挖掘机行驶过程翻侧;并在便道临空一侧设置警示桩。

(3)陡坡上安装水管等作业时,应搭设脚手架,作业人员应佩戴安全带。

19 房建工程

19.1 一般规定

19.1.1 房建工程施工前,应熟悉设计文件,施工单位应做好现场调查和以下核对工作:

(1)项目施工对地表和地下结构物的影响;
(2)施工场地布置与农田水利、环境保护等的关系;
(3)施工中和运营后对自然环境、生活环境的影响及需要采取的安全保护措施。

19.1.2 施工前,应编制专项施工方案,并完成报批程序。

19.1.3 土方开挖前应摸清现场地表建筑物、构筑物以及植被情况,并根据施工方案的要求,将施工区域内的地上、地下障碍物清除和处理完毕。不能自行清除的地下障碍物、地下管线和相关文物等情况,应及时联系相关部门安排清除和迁移。

19.1.4 大中型机械设备安装完成后,必须经施工单位安全管理部门进行验收后才能使用;外脚手架搭设前需进行详细的载荷验算,搭设完成后,必须经监理单位验收合格后,方可使用。

19.1.5 防护材质如钢管、钢管脚手架、安全网等,必须符合国家现行规定要求。

19.1.6 当遇到大雨、雷雨、高温、6级及以上大风等恶劣天气时,应立即停止高处露天作业、脚手架搭设或拆除作业及起重吊装等作业。

19.1.7 临建、用电、消防、起重吊装、设备、设施、标志标牌及个人防护、土方开挖、地基与基础工程、支架及脚手架搭设及拆除等内容,参考本指南相应要求执行。

19.2 钢筋工程

19.2.1 安全要点

(1)作业前,作业人员须检查机械设备、作业环境、照明设施等,并试运行符合安全要求。

(2)搬运钢筋前,应注意附近有无障碍物、架空电线和其他临时电气设备,防止钢筋在回转时碰撞电线或发生触电事故。

(3)张拉或放松钢绞线(钢筋)时,应缓慢均匀,发现油泵、千斤顶异常情况,立即停止作业。

模板作立人板。

（6）在架子上斩砖,操作人员必须面向里,把砖头斩在架子上。挂线用的坠物必须绑扎牢固。作业环境中的碎料、落地灰、杂物集中下运,做到日产日清,自产自清,工完料净场地清。

（7）用起重机吊运砖时,当采用砖笼往楼板上放砖时,要均匀分布,并预先在楼板底下加设支撑;砖笼严禁直接吊放在脚手架上;垂直运输的吊笼、绳索具等,必须满足负荷要求,牢固无损,吊运时不得超载,并须经常检查,发现问题及时修理。

（8）装卸砌块时要先取高处、后取低处,防止砖垛倾倒伤人。

（9）用起重机吊砖应用砖笼,吊砂浆的料斗不能装得过满,吊物回转范围内不得有人停留。

（10）如遇暴风雨天气,要采取防雨措施,避免恶劣天气吹倒新砌筑的墙体,同时及时浇筑拉梁混凝土,增加墙体稳定性。

19.5.2 安全设施

（1）送料、砂浆要设有溜槽,严禁向下猛倒和抛掷物料和工具等。墙身砌体高度超过地坪1.2m以上时,应搭设脚手架,脚手架未经交接验收不得使用,验收使用后不准随便拆改。

（2）同一垂直面内上下交叉作业时,应设置安全隔板,操作人员必须戴好安全帽。

（3）人工垂直向上或向下传递砌块时应搭设脚手架,脚手架上的站人宽度应不小于600mm。

19.6　装修工程

19.6.1　安全要点

（1）脚手架使用前应检查脚手架是否牢固,脚手板是否有破损、空隙、探头板,护身栏、挡脚板、拉结等是否符合规定要求,确认合格,方可使用。吊篮架子升降由架子工负责,非架子工不得擅自拆改或升降。

（2）不得攀登剪力撑、大横杆上脚手架,上脚手架必须走规定的斜道或安全通道。

（3）贴面使用的预制件、大理石、面砖等,应堆放整齐、平稳,边用边运。安装时要稳拿稳放,待灌浆凝固稳定后,方可拆除临时支撑。废料、边角料严禁随意抛掷。

（4）所有电动工具必须在使用前由电工做防漏电测试,不得带病或超负荷运作。

（5）施工中不准随意拆除、斩断脚手架软硬拉结,不准随意拆除脚手架上的安全设施,如妨碍施工必须经项目部负责人批准后,方能拆除妨碍部位。

19.6.2　安全设施

（1）外装饰立体交叉作业时,必须设置可靠的安全防护隔离层。

（2）电动工具应设置可靠的接地接零装置。

19.7 其他

19.7.1 建筑施工区域应设置围挡设施,围挡主体宜采用角钢或砖砌体制作,高度不小于2m,单块围挡顶部宜设置一个LED射灯,射灯照射重点作业区域。

19.7.2 现场入口处等醒目位置应设置安全警示镜及安全防护用品正确佩戴示意图,以助作业人员正确使用安全防护用品,警示镜应牢固、抗风、防雨;同时还应设置重大风险源告知牌及指示标牌。

19.7.3 洞口、临边安全防护:

(1)在进入建筑物入口处,或建筑物物体坠落半径范围内的人行通道处应采用$\phi 48$钢管搭设安全通道,通道宽度应宽于出入通道两侧各1m,高度宜为3m,进尺深度应符合高处作业安全防护范围。通道外侧挂设密目安全网及警示标志,上方采用双层防护,两层之间间距应为600mm,棚顶应满铺不小于50mm厚的脚手板,非出入口和通道两侧必须封闭严密(图19-1)。

图19-1 安全通道(尺寸单位:mm)

(2)建筑物楼层邻边四周,无围护结构时,必须设三道防护栏杆,或立挂安全网加一道防护栏杆。

(3)楼梯踏步及休息平台处,必须设三道牢固防护栏杆或用立挂安全网作防护。回转式楼梯间应支设首层水平安全网,每隔4层设一道水平安全网,立杆间距不大于1.2m(图19-2)。

(4)对于边长小于250mm的洞口,必须用坚实的木板盖严,盖板应固定防止挪动移位,并进行标识警示(图19-3)。

(5)对于边长大于250mm、小于1500mm的洞口,采用钢筋和水板防护,在洞口上加螺纹$\phi 12$钢筋网片,钢筋间距200mm,在钢筋上覆盖15mm木模板,用铁丝和钢筋绑扎牢固,铁丝的连接扣向下放置,防止绊人,模板和钢筋应超出洞口300mm。在木板边用水泥砂浆做成斜坡。

（6）1.5m×1.5m 以上的孔洞，四周必须设两道护身栏杆，中间支挂水平安全网（图19-4）。

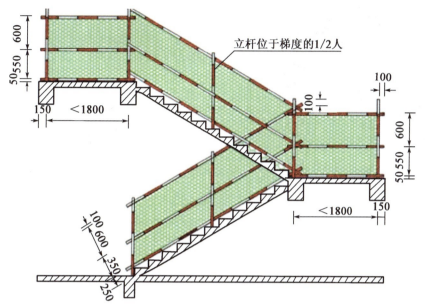

图19-2　上下楼梯临边防护（尺寸单位：mm）

图19-3　洞口用盖板覆盖

图19-4　洞口防护栏杆

（7）下边沿至楼板或底面低于80cm的窗台等竖向洞口，如侧边落差大于2m时，应加设1.2m高的临时护栏（图19-5）。

（8）防护栏杆底部设置高为180mm的挡脚板，栏杆表面涂刷红白或黄黑相间的反光漆；立杆须与建筑物牢固连接，宜采用冲击钻钻孔，打入1φ18钢筋，深度不小于200mm，外露150mm，与立杆焊接。

（9）电梯井口必须设高度不低于1.2m的金属防护门（图19-6），电梯井内每隔两层且不超过10m设一道水平安全网，安全网应封闭严密。未经上级主管技术部门批准，电梯井内不得作垂直运输通道和垃圾通道；施工电梯其他安全防护按照本指南4.7要求执行。

 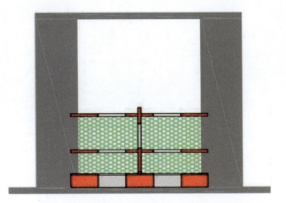

图 19-5　屋面、楼层临边防护　　　　图 19-6　竖向洞口防护

附录 A 安全标志标牌设置要求

禁止标志设置要求　　　　　　　　　　　　　　附表 A-1

图 形	设置部位	图 形	设置部位
 禁止放置易燃物	具有明火设备或高温的作业场所,如:各种焊接、切割等动火场所	 禁止合闸	用电设备或线路检修时,相应开关处
 禁止入内	易造成事故或对人员有伤害的场所,如:高压设备室、配电房等入口处	 禁止靠近	不允许靠近的危险区域,如:高压试验区、高压线、输变电设备的附近
 禁止攀登	不允许攀爬的危险地点,如:有危险的建筑物、构筑物、设备处	 禁止抛物	抛物易伤人的地点,如高处作业现场、深沟(坑)等
 禁止停留	对人员具有直接危险的场所,如:危险路口、吊装作业区、输送带下方、预制梁架设区等处	 禁止通行	占道施工作业,或能对行人构成伤害的高空作业,或已经废弃通道的两端入口处

175

续上表

图　形	设置部位	图　形	设置部位
禁止乘人	有载物升降吊篮的场所，如：高桥墩、高水塔等施工	禁止烟火	有乙类火灾危险物质的场所，如：氧气、乙炔存放区，油罐存放处及其他易燃易爆处
禁止堆放	应急通道、安全通道及施工操作平台等处	禁止跨越	设置在桥梁左右幅临时护栏上
禁止带火种	设置在爆破警戒区入口、瓦斯隧道进口处	禁止吸烟	有乙类火灾危险物质的场所，如：氧气、乙炔存放区，油罐存放处及其他易燃易爆处
禁止暴晒	使用氧气、乙炔等易燃易爆物处所	禁止掉落焊花	跨越通航河道、铁路、公路等施焊场所
禁止翻越防护栏	邻近既有线的防护栏	施工重地闲人免进	设置在禁止作业区机械车辆通行道路两端醒目位置处
禁止排放油污	水上施工作业场所	禁止向水中排放泥浆	水上施工作业场所

附录 A　安全标志标牌设置要求

续上表

图　形	设　置　部　位	图　形	设　置　部　位
 施工重地 闲人免进	拌和站、加工场、预制场、现浇梁、施工工地等现场的出入口、重点部位的醒目位置	 机房重地 闲人免进	拌和站、预制场的控制室和发电机房、抽水机房等处
 3.5m	限高标志:设在限制高度的结构物、线路等位置(直径尺寸一般为600mm)	 4m	限宽标志:设在限制宽度的结构物、窄桥等位置(直径尺寸一般为600mm)
 5	限速标志:场内道路、便道、栈桥等处限速位置(直径尺寸一般为600mm)	 10t	限重标志:设在限制质量的桥面、路面等位置(直径尺寸一般为600mm)

注:标志的尺寸若未在表中标注,一般为300mm×400mm(具体尺寸可根据距离远近按比例调整),安装方式为悬挂或粘贴。

警告标志设置要求　　　　　　　　　　　　　　　　　　　附表 A-2

图　形	设　置　部　位	图　形	设　置　部　位
 注意安全	易造成人员伤害的场所及设备等处	 当心碰头	施工现场狭小低矮通道处
 当心吊物	有吊装设备作业的场所	 当心车辆	工区内车、人混合行走的路段,道路的拐角处;车辆出入较多的办公区、车库等出入口处

177

续上表

图　形	设置部位	图　形	设置部位
 当心坠落	易发生坠落事故的作业地点	 当心机械伤人	易发生机械卷入、轧压、碾压、剪切等机械伤害的作业地点
 当心滑倒	地面有油、水等物质及斜面处，下雨后工区房入口处	 当心触电	有可能发生触电危险的电器设备和线路，如：配电箱（柜）、开关箱、变压器、用电设备处
 当心落物	易发生落物危险的地点，如：高处作业、立体交叉作业等的下方	 止步高压危险	施工场所变压器、高压电力设备等处

注：标志的尺寸若未在表中标注，一般为300mm×400mm（具体尺寸可根据距离远近按比例调整），安装方式为悬挂或粘贴。

指令标志设置要求　　　　　　　　　　　附表A-3

图　形	设置部位	图　形	设置部位
 必须戴安全帽	头部易受外力伤害的作业场所	 必须系安全带	易发生坠落危险的作业场所
 必须戴防护眼镜	对眼睛有伤害的作业场所，如：焊接	 必须戴防护手套	易伤害手部的作业场所，如：具有腐蚀、污染、灼热及触电危险等作业场所

附录 A 安全标志标牌设置要求

续上表

图形	设置部位	图形	设置部位
 必须戴防护面罩	易造成人体紫外线辐射的作业场所,如:电焊作业场所	 必须穿救生衣	易发生溺水的作业场所
 必须穿防护鞋	易伤害脚部的作业场所,如:具有腐蚀、灼烫、触电、砸(刺)伤等危险的作业地点	 必须穿防护服	具有放射、微波、高温及其他需穿防护服的作业场所
 必须接地	防雷、防静电场所	 注意通风	空气不流通,易发生窒息、中毒等作业场所,如:挖孔桩、隧道及钢筋加工房

注:标志的尺寸若未在表中标注,一般为300mm×400mm(具体尺寸可根据距离远近按比例调整),安装方式为悬挂或粘贴。

提示标志设置要求　　　　　　　　　　　　　　　　　附表 A-4

图形	设置部位	图形	设置部位
 紧急出口	便于安全疏散的紧急出口处,与方向箭头结合设置	 避险处	桥梁、隧道内躲避危险的地点
 可动火区	可使用明火的场所	 击碎板面	必须击开板面才能获得出口

179

续上表

图形	设置部位	图形	设置部位
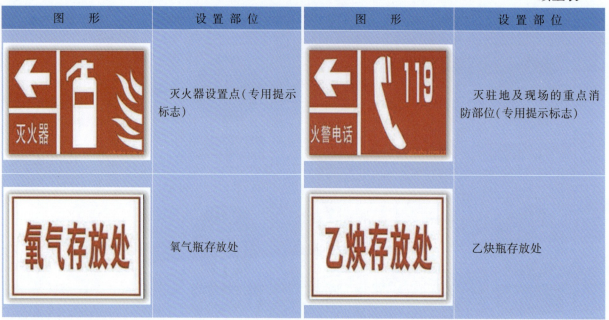	灭火器设置点（专用提示标志）		灭驻地及现场的重点消防部位（专用提示标志）
	氧气瓶存放处		乙炔瓶存放处

注：标志的尺寸若未在表中标注，一般为300mm×400mm（具体尺寸可根据距离远近按比例调整），安装方式为悬挂或粘贴。

标牌设置要求　　　　　　　　　　　　　　　　　　　　　　　　　　　附表 A-5

图形名称	图形	制作要求	安装要求	设置范围和部位
工程概况牌	工程概况牌	尺寸一般为2000mm×1500mm（在大型枢纽等工程处可根据现场情况确定尺寸）	竖立	码头、船闸、驻地、搅拌站、预制场等重点工程的醒目位置，施工现场工地出入口醒目位置
质量安全目标牌	质量安全目标牌	尺寸一般为2000mm×1500mm（在大型枢纽等工程处可根据现场情况确定尺寸）	竖立	码头、船闸、驻地、搅拌站、预制场等重点工程的醒目位置，施工现场工地出入口醒目位置
廉政责任公示牌	廉政责任公示牌	尺寸一般为2000mm×1500mm（在大型枢纽等工程处可根据现场情况确定尺寸）	竖立	码头、船闸、驻地、搅拌站、预制场等重点工程的醒目位置，施工现场工地出入口醒目位置

附录 A 安全标志标牌设置要求

续上表

图形名称	图　形	制　作　要　求	安装要求	设置范围和部位
环保目标公示牌	环保目标公示牌	尺寸一般为2000mm×1500mm（在大型枢纽等工程处可根据现场情况确定尺寸）	竖立	码头、船闸、驻地、搅拌站、预制场等重点工程的醒目位置，施工现场工地出入口醒目位置
工程公示牌	工程公示牌	尺寸一般为2000mm×1500mm（在大型枢纽等工程处可根据现场情况确定尺寸）	竖立	码头、船闸、驻地、搅拌站、预制场等重点工程的醒目位置，施工现场工地出入口醒目位置
管理人员名单及监督电话牌	管理人员名单及监督电话牌	尺寸一般为2000mm×1500mm（在大型枢纽等工程处可根据现场情况确定尺寸）	竖立	码头、船闸、驻地、搅拌站、预制场等重点工程的醒目位置，施工现场工地出入口醒目位置
安全文明施工牌	安全文明施工牌	尺寸一般为2000mm×1500mm（在大型枢纽等工程处可根据现场情况确定尺寸）	竖立	码头、船闸、驻地、搅拌站、预制场等重点工程的醒目位置，施工现场工地出入口醒目位置
重大风险源告知牌	重大危险源告知牌	尺寸一般为2000mm×1500mm（在大型枢纽等工程处可根据现场情况确定尺寸）	竖立	码头、船闸、驻地、搅拌站、预制场等重点工程的醒目位置，施工现场工地出入口醒目位置

续上表

图形名称	图 形	制 作 要 求	安装要求	设置范围和部位
施工现场布置图		尺寸一般为2000mm×1500mm(在大型枢纽等工程处可根据现场情况确定尺寸)	竖立	码头、船闸、驻地、搅拌站、预制场等重点工程的醒目位置,施工现场工地出入口醒目位置
组织机构图/保证体系图等		尺寸一般为2000mm×1500mm(在大型枢纽等工程处可根据现场情况确定尺寸)	竖立	码头、船闸、驻地、搅拌站、预制场等重点工程的醒目位置,施工现场工地出入口醒目位置
施工标志牌		尺寸一般为700mm×500mm(在大型枢纽等工程处可根据现场情况确定尺寸)	竖立或悬挂	单位工程、分部工程、分项工程施工处
机械设备标志牌		尺寸为400mm×300mm	悬挂、粘贴	施工机械设备处
材料标志牌		尺寸为400mm×300mm	竖立	储料区

附录 A 安全标志标牌设置要求

续上表

图形名称	图 形	制 作 要 求	安装要求	设置范围和部位
(半)成品材料标志牌	 (半)成品标识牌	尺寸为400mm×300mm	竖立、悬挂	各种材料的半成品、成品存放区
配合比标志牌	 配合比标识牌	尺寸为400mm×300mm	竖立、悬挂	搅拌机及拌和楼操作室
工序交接牌	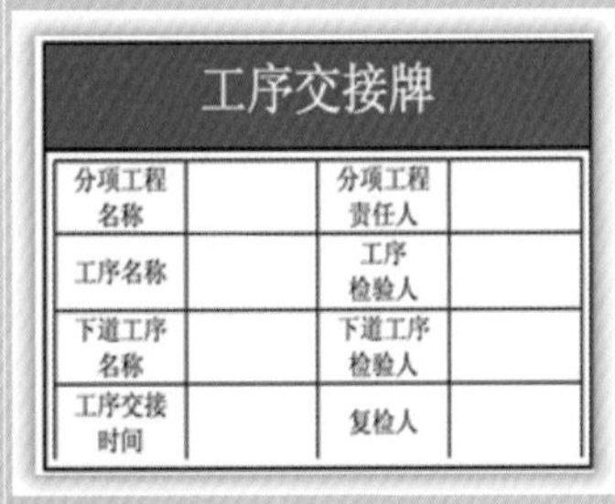 工序交接牌	尺寸为400mm×300mm	竖立、悬挂	单位工程、分部工程、分项工程施工处
项目负责人代班公示牌	 项目负责人代班公示牌	尺寸为800mm×600mm	竖立、悬挂	施工现场
××操作规程公示牌	 ××操作规程公示牌	尺寸为2000mm×1500mm	竖立	施工场地醒目位置

续上表

图形名称	图　形	制作要求	安装要求	设置范围和部位
安全生产无事故牌		尺寸一般为 2000mm×1500mm（在大型枢纽等工程处可根据现场情况确定尺寸）	竖立	码头、船闸、驻地、搅拌站、预制场等重点工程的醒目位置，施工现场工地出入口醒目位置
岗位职责牌、规章制度牌		尺寸一般为 900mm×600mm（室内悬挂）	竖立	办公室醒目位置
应急救援流程图		尺寸为 1500mm×2000mm	竖立	危险性较大施工点、施工现场值班室
应急联系电话公示牌		尺寸为 1500mm×2000mm	竖立	施工场所